**知识就在得到**

# 变量6

## 宏观世界奇遇记

何帆 / 著

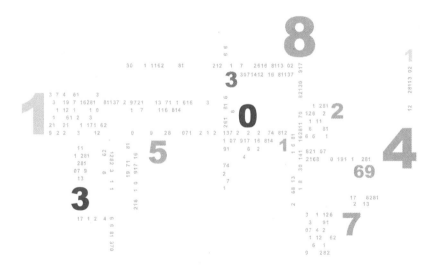

新星出版社 NEW STAR PRESS

献给未来的一代

感谢得到的知识赞助

# 目录
## Contents

# 引　言

## 等　待

　　让我来猜一猜。这一年不是你最好的一年。往往都是这样的：事后才知道，最好的已经过去了。这一年也不是你最坏的一年，最坏的可能还没到来。不过，这也说不准，以后应该有更好的。我们得乐观。没有乐观主义，人是活不下去的。

　　如果我没有猜错的话，对你来说，这是等待的一年，是观望的一年，是想做决定却又无所适从的一年。做生意的，在考虑要不要再做下去。越做越不好做，再做下去赔钱了怎么办？就算运气好，现在赚得不少，可谁又知道，明天会不会突然遇到巨大的风险？想买房的，不知道还要不要买。要是不买，辛辛苦苦攒下来的钱，又该往哪儿投呢？有工作的，在想要不要换一份工作。没工作的，在想要不要找一份工作。不是不想工作，是找不到好的工作。好的工作怎么就像好的男人一样，都不见了呢？

你想改变，又不想改变。你想离开，又不想离开。你想争取，又不敢争取。你想放弃，又舍不得放弃。这一年对我们来说，很像爱尔兰作家贝克特写的一部荒诞戏剧《等待戈多》。两个流浪汉在一棵没有叶子的树下等待一位被称为戈多，但从头到尾都没有出现过的神秘人物。[1]过去的这一年也是一样：你所等待的始终没有出现。等待似乎没有尽头。为什么只能等待，你自己也说不明白。

有的时候，你很乐观，总觉得会发生一些更好的事情，但让你失望的是，什么也没有发生。有的时候，你很悲观，总觉得马上就要有巨大的危机，但也没有出现最坏的情况。你就像躺在楼下的老房东，心事满腹，愁容满面，直到夜深时分都难以入睡。就在这时，你听到住在楼上的小伙子回来了。他坐在床上，脱掉一只靴子，重重地扔在地板上。其实，你已经听到了他上楼的脚步声和开门的声音，知道他就要脱靴子了，但隔着天花板传来的一声闷响，还是让你猛地一惊。过去的经验告诉你，接下来，小伙子会把另一只靴子脱掉，重重地扔在地板上，再一次发出"咚"的一声响。于是，你焦虑地等着另一只靴子落地。但不知为何，小伙子突然改了主意。他把第二只靴子轻轻地放在地板上，然后酣然入睡。只是苦了你。你在下层，根本不知道上层发生了什么。你总觉得还有第二声响动，也许就在下一分钟，也许就在下下一分钟，但每次都猜错了。有没有另外一种可能性呢？你在心里想，或许，第二只靴子已经落地了，但到底是什么时候落地的？为什么第二只靴子和第一只靴子落地的方式不一样？这是不是在下什么大棋？你辗转反侧，彻夜难眠，百思不得其解。在这个焦虑的时代，没有一声巨响，就无法让人相信事件曾经发生。

等待可以滋养希望，但太久太无助的等待只会消耗信心。等待能让人变得更加坚韧，但也会让人逐渐麻木，失去对新生事物的敏感。等待能让人变得更加宽容，更有耐心，更看得开，但也会让人变成犬儒，失去勇敢的品质。万物自有其规律，你等待，或是不耐烦等待，影响不了星辰的运动，也影响不了风雨的飘摇。园丁再有耐心、再有诚意，也不可能让花朵不到花期就开放。但是，漫长的等待有可能消磨你的意志。信心随着时间流失，如同资本不断折旧，如同逃难的人在颠沛流离中一点点丢掉当初带着上路的东西。太长久的等待就像太细小的流沙，很容易让你不知不觉深陷其中，放弃抵抗，甚至让你会去玩味那种身不由己而又顺畅光滑的陷落感。

等待还是不等待，这是个问题。哪一种选择更有勇气？哪一种选择更为忠诚？哪一种选择更为明智？哪一种选择更有远见？哪一种选择能让你在未来有更多的选择？哪一种选择会让你遇到更多的出乎意料的风险？

别急，还有个问题。你有没有想过，为什么会有那么多人跟你一样，都在苦苦地等待？

## 宏观和微观

因为大家都在等待同样的事情。决定个人命运的不是微观的选择，而是宏观的趋势。

当然，说到宏观，每个微观主体的感受都不一样。所以，每个人看宏观都像雾里看花，盲人摸象。

陈老板是重庆江北区观音桥农贸市场的大商户，做的是干果生意，主要从新疆进货。这几年，做生意真难，陈老板感慨，赚一块钱要准备十块钱，赚一百块钱只敢花五毛钱。疫情终于过去了。过年时，陈老板和一群朋友去重庆一家火锅店聚餐。火锅店里人山人海，没有座位，他们等啊等，翻了七次台，还是轮不到他们。去问服务员，疲惫不堪的服务员没好气地说，没位，不想等就走吧。陈老板和朋友们很生气，但转念一想，这不是经济复苏的信号吗？或许，这一年要报复性增长了。他们不仅没生气，反而开心了。他们说，这可得好好喝一顿。不喝酒的朋友也喝上了。

何老板是一家房地产企业的高管。这家房地产企业起家于广东河源，中等规模，深耕珠三角。因为不是上市公司，所以没有业绩扩张的压力，一路稳扎稳打。这一年，何老板陷入了焦虑。不是因为房地产生意不好做——虽然确实不好做——而是隐隐觉得可能会有一次重大机遇，他害怕自己抓不住。重大的机会几乎都出现在危机之后，当众人还沉浸在悲观情绪里时。1998年东亚金融危机之后如此，2003 年 SARS（非典型肺炎）之后如此，2008 年全球金融危机之后亦如此。何老板说，如果现在还有机会，那就是我们这一代人退休前的最后一次机会了，但我们有点看不清，不敢动。何老板注意到，珠三角各个城市给土地更为慷慨，能拿出更多的优惠条件，这在以前是想都不敢想的。何老板既做住宅，又做写字楼，还有工业园区。住宅不好卖，写字楼的入驻率不到 50%，但工业园区看起来还很热闹。问园区里的老板，他们都说生意不好做。可是，何老板发现，水电费不仅没降，反而在增长。这到底意味着啥？

何老板的困惑，杨老板能回答。杨老板是生产机电产品的。制造业企业的利润越来越薄，比剃刀的刀片还薄，但不干不行啊，厂房设备都已经投下去了，不干怎么办呢？卖了？卖给谁呢？工厂里还有一堆工人，不干了，工人怎么办呢？解雇？工人不干，地方政府也不干。已经在盈亏点之下了，但还要坚持。杨老板记得读 EMBA（高级工商管理硕士）时，老师讲过，只要收入大于平均可变成本，企业就会死扛。尽头在哪里？老师说，市场的均衡状态是所有的企业利润都为零。经济学的人生哲学是，所有企业家的宿命都是一辈子白忙活。杨老板对自己的企业还有信心，出口订单比以前多了。但他是个细心人。他担心的是，机电产品订单增加，可能是因为更多企业需要重新布局，把产线搬到海外去。要开厂，就需要更多的机电产品。等到它们都完成布局了，机电产品岂不是就没法出口了？到那一天，中国的制造业会不会出现断崖式的下跌？

卖老人鞋的张老板没有感觉到市场的寒意，相反，他觉得生意很好做。这一年的春季按农历来算是闰二月，民间有闰月给老人买鞋的风俗。张老板看到的趋势是老人买鞋，子女也给老人买鞋。他问过不少老年顾客，你们的收入减少了吗？老人们说，没有啊，退休金还涨了。张老板觉得这些老人活得相当滋润：有的跳广场舞，有的出国旅游，有的跑马拉松，有的骑自行车。有位北京的老人一直"安利"张老板，你得买辆自行车，也不贵，就几万块钱，骑自行车是最适合咱们老人的运动项目。

卖白酒的郑老板感受不到张老板的乐观情绪。他觉得这一年的行情糟透了。不是说经济形势不好反而利好白酒吗？因为可能更多的人会借酒浇愁。并不是。高端白酒还能苦苦支撑，中端白酒已经溃不成军。郑老板说，很多白酒的销售价格比出厂价格还低，销售商想不出别的办法，只能低价倾销。为什么白酒卖不动了呢？很重要的一个原因是年轻人不爱喝白酒了。那年轻人喝什么？他们喝奶茶。年轻人可以为了省钱饿肚子，图的是省下一顿饭钱，但转头就买了一杯奶茶。奶茶有绚丽的色彩、甜腻的味道、丝滑的口感、层出不穷的花样，让年轻人欲罢不能。奶茶是年青一代的精神寄托。一个小姑娘说，已经活得这么累了，你还不让我喝一杯奶茶？

　　你看，这或许就是我们到现在还在等待的原因。由于每一个微观主体的感受都不一样，所以很难从微观观测直接跳跃到宏观判断。同一个微观现象，可以有两种不同的宏观解读。如果愿意，你完全可以为每一个悲观的消息找到一种乐观的理由。企业倒闭，是因为优胜劣汰的市场竞争。行业低迷，是正在经历阵痛。年轻人没有去工作，是因为他们都想考研或考公务员。看得一头雾水，或是看得大彻大悟，最终的结果殊途同归。这一年，宏观政策表现出了一种少见的定力。

　　宏观不动，微观当然不敢动，别人不动，你也不敢动。最后，大家都不动，就陷入了僵局。于是，各种悲观的声音就出来了。听得多了，你也会觉得有些不安：真的会那么糟糕吗？

　　为了解决你的困惑，我把这本书的主题定为宏观，因为宏观是这一年最热门也最重要的话题。凑巧的是，宏观经济学也是我长年研究的领域。迄今为止，我已经有将近二十年的宏观政策研究经验。让我告诉你一个行业秘密，很多宏观经济学的前辈都曾坦诚地说：宏观经济学并不能算是一门科学，它至多不过是一门手艺。[2]

　　有一些宏观经济学家特别优秀，能一眼看透宏观的本质。他们各有不同的特色，但又有一个共同的特点：他们都经历过完整的宏观经济周期。也就是说，他们见得多了。我的导师余永定就是一位优秀的宏观经济学家，他把自己多年来参与过的宏观讨论汇成了一本文集，书名就叫《太阳之下无新事》。这源自《圣经·传道书》里的一句话："已有的事，后必再有；已行的事，后必再行。日光之下，并无新事。"现在正在讨论的宏观经济问题，可能多年前就已经讨论过。一个国家遇到的经济难题，另一个国家可能多年前就已经遭遇过。从这个角度来看，宏观经济学并不是一门高深的学问。

之所以说宏观经济学并不是一门高深的学问，还因为我们宏观经济学家对自己的期许并不高，不会去追求过分的精准。模糊的正确胜过精准的错误。宏观经济学家给自己定的目标是：在重大的问题上不犯方向性的错误。这背后其实有一个逻辑——宏观经济学家相信，经济系统本身就是个生命体，它会对外部的干预做出反应。哪怕有时候宏观政策做得太多或是太少，只要方向没错，大差不差，经济系统依然能正常运转。

本着这样的标准，让我回答一下你的问题。

中国经济会崩溃吗？不会。

中国经济还能实现高速增长吗？能。

想要让中国经济高速增长，很难做到吗？不难。

那为什么距离目标还有差距呢？因为决策比理论更难。宏观决策之难，不是因为问题过于复杂，而是因为工具不称手。过多的政策目标，过多的约束条件，都会影响决策思路。

除此之外，还有一个原因，这是一个认知上的问题。很多人没有意识到，宏观和微观是不一样的。宏观和微观最大的差别就是：微观是自己决定的，宏观是要和别人一起决定的。既然是大家一起决定的，那么宏观的最终结果就是"自我实现的预言"。所有人都乐观，经济就繁荣；所有人都悲观，经济就低迷。无他，信心而已。宏观就像山顶上的一个球，朝左推它就朝左落，朝右推它就朝右落。用经济学的术语来说，这是"多重均衡"。牛顿力学的定律，在相对论的世界里就不再适用。同样，微观的推理很可能会误导宏观的讨论。这在宏观经济学家看来是再简单不过的道理。遗憾的是，明白这一点的人太少了。据说，学习历史的最大收获就是，知道了历史是由不学习历史的人创造的。学习宏观经济学也常有类似的感慨。

总结一下：宏观不是微观的加总。

但你是微观主体，你决定不了宏观。

于是，你的问题变成了：如果我决定不了宏观，那又该怎么办？

你一定要相信自己，因为你跟别人不一样：你是一个知道宏观不是微观加总的微观主体。

这有什么不同呢？当然有不同。在高速公路上，所有的车都在朝前开，如果你想往反方向开，那就太危险了。可是，同样朝前开，有的司机更聪明，一直看路况，随时准备变换车道，有意识地寻找高速路的出口。如果前方堵车了，这些聪明的司机就更容易避开。堵车是你无法控制的宏观变量，但避开堵车是你能够做出的微观选择。

你可以把宏观政策想象成天气的变化，而微观主体是在田地里干活的农民。农民控制不了天气阴晴，但要学会"看天吃饭"。明天会不会下雨，是不是晴天，他们有一种本能的直觉。下雨多要排涝，下雨少要抗旱，不管天气怎样，他们都要找到应对的方法。日积月累，微观主体就有了应对宏观波动的经验。你如果足够聪明，就会有意识地去了解别人是如何做的，从别人那里吸取经验和教训。

所以，这本书有两个主题：一个是宏观经济的解读，一个是平凡人物的命运。你会在每一章看到平凡人物的出场，读到他们的激情与沮丧。你也会在每一章看到对一系列宏观经济问题的讨论，读到围绕着它们的反驳和猜想。这两个主题交替出现，互相呼应，宛如 DNA 的双螺旋结构。

# "传"和"书"

这样的写作风格，是我的一种尝试，也是对中国古代历史写作的一种借鉴。更具体地说，我借鉴了司马迁在写《史记》时开创的纪传体中的"传"和"书"（后来的史书改为"志"）这两种体例。

说到历史的写作，人们能想到的最简单的风格就是顺着时间顺序写下去，每一年发生了什么，每个月发生了什么，每一天发生了什么。经过梳理，作者应该提炼出一条故事的主线。某一年的主线可能是战争，另一年的主线可能是革命。那么，所有的历史情节应该都指向最终的结局。比如，谁打赢了战争，革命有没有成功。于是，历史就会变成主题分明、情节生动的故事。

但动手去写历史的作者都会发现，这种写法几乎是不可能实现的。历史和河流不一样。历史没有河床。河床能约束河流，让所有的水都汇集在一起，沿着一个方向前进。历史不是这样的。历史是弥漫的、渗透的、摇摆不定的。历史事件之间大多找不到严格的因果关系，它们可能是共生的、随机的、前后矛盾的。

司马迁写历史的时候一定考虑过这些。他琢磨了很久，创造了独特的纪传体，并影响了以后的中国史书写作。我们来看看他是怎么写的。

《史记》以"本纪"开篇,"本纪"的主角是帝王们。从表面上看,这是一系列帝王传记,其实,"本纪"更像浓缩版的编年史。司马迁先把历史的轮廓勾勒出来,并且不动声色地留下了不少看起来很模糊的细节。

"本纪"的后面是"表"。司马迁编织了一张网,把时间和空间放在一起,让我们有一种太空视角,能更清晰地看到历史的全景。我们能读到在同一时间,不同地域的人们各自在做什么;也能读到在同一地域,不同时期的人们在做什么。作家杨照说,《史记》"以两三百年作为尺度,把重要的世系和国家的变化用'表'的方式一览无余地呈现出来"。³

"表"的后面是"书"。史记中有《礼书》《乐书》《律书》《历书》《天官书》《封禅书》《河渠书》和《平准书》。"书"是专题史,总结了某个领域的历史沿革,仿佛用快镜头和慢镜头反复切换,展示种子的发芽、鲜花的绽放和大树的生长。更重要的是,"书"找到了观察历史的不同角度。《历书》和《天官书》讲的是天人合一;《礼书》和《乐书》讲的是社会规范和道德教化;《封禅书》借古讽今,表达了司马迁对汉武帝的看法;《河渠书》和《平准书》从实务的角度,展现了汉朝的时代特色。

我读研究生的时候,一位老师教过我,回答问题,重要的不是答案对不对,而是思路对不对。甚至,比思路更重要的是,你能提出什么样的问题。"书"的体例,考量的是作者提出问题的能力。你从什么样的角度切入，就能看到什么样的历史。

"书"的后面是"世家"和"列传"。"世家"讲诸侯，"列传"讲臣民。对很多读者来说，这是《史记》中最有意思的部分。有了人物，就有了生气，有了冲突、斗争、成长、衰落和死亡，读者就能和人物的命运产生共鸣。历史就像一幅抽象的草图，增添了更多细节和色彩。

虽然我说我在写《变量》系列时，有意借鉴《史记》的部分体例，但必须声明一下，我无意把它写成正史。这套书只是我个人对时代的观察和记录。《变量》系列中不会有类似"本纪"和"世家"的体例，只有"传"。和《史记》中的"传"不一样，《变量》系列只为平凡人物立传，写的都是雪泥鸿爪的小事。《变量》系列中暂时也没有"表"。历史并未尘埃落定，我更像一个在历史现场直播的解说员，和观众一样，我也猜不出最终的比赛结果。

在《变量》系列中，我会借鉴"书"的体例，找到一些有意思的角度，把历史的素材重新剪辑，再分门别类地进行整理。这个系列已经出现过的主题包括：技术创新、城市化、工业化、人口变化、年青一代，等等，以后还会有更多、更广泛的主题。我将走遍城市村庄，探访各行各业，记录一个时代的群像。

每一年的《变量》都是在元旦前后上市，这个特殊的时间安排让你在读它的时候会不由自主地产生一种仪式感。到了新旧年份更替的时候，你希望借助《变量》，梳理自己在过去一年的观察，并和我的调研互相印证。你想制订下一年的计划，并以我的判断为参考。在当下，读《变量》更像翻皇历，你想看看宜忌和运势。但是，《变量》不仅是为了让你在当下读，未来，你还会再读一遍的。到那时，你的书架上已经整整齐齐摆满了三十本《变量》。再来翻看，你的感受又会不一样。到那时，你希望找到回忆这三十年的线索。《变量》就会更像索引。我希望，一系列的人物和专题会像提示词一样触发你的回忆。从这个角度来说，"传"和"书"有助于你重新潜入历史，到水下探寻被遗忘的宝藏。

如果你读过美国物理学家乔治·伽莫夫的《物理世界奇遇记》，那当你再读面前这本《变量》时，你会有一种熟悉的感觉。《物理世界奇遇记》有两条平行的线索：一条是普通的银行小职员汤普金斯先生喜欢上了物理学教授的女儿，硬着头皮去听教授的讲座，听得一头雾水；另一条是汤普金斯一打瞌睡就做梦，他在梦里进入了一个奇幻世界——骑自行车的人是扁的，经常到处出差的绅士看起来比自己的孙女还要年轻，汽车可以从车库的墙缝里"渗透"出去……讲座上听不懂的物理学理论，在奇幻世界里一目了然。[4] 在《物理世界奇遇记》里，讲座之后是奇幻世界，奇幻世界之后是讲座，这两条线索交替出现。讲座的内容严谨深奥，奇幻世界脑洞大开，但这两个风格迥异的主题又互相呼应。

　　这本《变量》也有两条交替出现的线索：故事之后是宏观讨论，宏观讨论之后是故事。"传"的后面是"书"，"书"的后面是"传"。每一条线索本身是首尾相接的，上一个故事连着下一个故事，一个宏观问题引出另一个宏观问题，故事和宏观问题之间也有呼应。这种跳来跳去的阅读体验，能让头脑运动起来，读着更热闹、刺激。希望你喜欢。

　　接下来，按照"传"和"书"的体例，让我为你介绍一下《变量6》的主要内容。

　　在第一章，我要带你去看一家企业、一座城市和一个产业。我们要去拜访一家做储能电池的初创企业，见识一下现在的创业者是什么样子，支持他们的投资者又是什么样子。我们要去一座位于大西北的城市：包头，去看看这座城市如何由衰落再度复兴。我们还要去了解包括储能电池、光伏发电、电动汽车在内的新能源产业，猜测一下它会不会是新的主导产业。这一章的宏观主题是增长。我们会谈到，中国依然能保持高速增长，而且持续的高速增长至关重要。我的个人观点是，想要让中国经济持续增长并不难，只要有一个勉强够好的市场经济环境就行。当然，宏观刺激政策是必不可少的。有必要的话，还要放大招，因为信心最重要，而信心要靠信号。

　　在第二章，我将带你去山东胶州半岛和广西玉林，我们将在那里结识几位中等规模的养猪户，他们是中小企业的代表。虽然空间日趋逼仄，利润日渐微薄，但他们总是能找到办法生存下来。在非洲猪瘟爆发之前，人们一直担心猪肉价格上涨会推高通货膨胀水平，如今，这一现象已彻底改观。这一章以通货膨胀和通货紧缩为宏观主题。我的观点是，至少从短期来看，我们并不需要过度关注通货膨胀压力，政策的重点应该放在如何应对通货紧缩压力上。通货膨胀和通货紧缩时常伴随着经济过热和经济过冷。面对周期波动，我们既要调整速度，又要调整方向；既要顺应潮流，又要超越潮流。

在第三章，我将带你到重庆江津区，在青花椒收获的季节，去拜访种花椒的人、收花椒的人、加工花椒的人、用花椒做菜的人。这是一条小小的产业链，上面全是小企业、小店铺、小农户。苔花虽小，也要盛开。和大企业一样，这些小小的微观经济主体也需要货币和金融的支持，而且它们就是我们一直强调的政策扶持重点。这一章的宏观主题是货币政策。我们将探讨为什么货币政策很重要，实施扩张性的货币政策会不会带来金融风险。我在这一章讲了一个寓言，这个寓言告诉你，创业犹如时间旅行，金融犹如时间旅行社。希望这个寓言能帮助你更好地理解创业、货币和金融的本质。

在第四章，我要带你去广东河源的龙川，以及浙江温州的平阳，去看两家县级医院。在新冠疫情之前，政府就已经开始重视基层医疗卫生体系的完善，这是解决"看病难、看病贵"问题的关键。新冠疫情之后，基层医院静悄悄地发生了一些变化，其中很多折射的是中国城市化的新趋势。对基层医院的财政支持，也反映出公共财政的新着力点。这一章的宏观主题是财政政策。我们将探讨为什么财政政策很重要，实施扩张性的财政政策会不会带来债务风险。我在这一章讲了一个寓言，这个寓言告诉你，公共财政犹如祭神的种子，用得好能保佑风调雨顺，用得不好会导致颗粒无收。

在第五章，我将向你汇报我在 2023 年干的一件事：我去考了个电工证。当然，整个过程和我最初的想象很不一样，我也没啥长进，电工水平依然差劲得很。不过，这段经历是值得的。为了考电工证，我在常州技师学院住了半个多月，采访了学校的老师和学生。这些采访让我重新思考了教育、就业和个人成长。这一章的宏观主题是就业，我们尤其关心年青一代的就业。年青一代不是不想找工作，而是想找好工作。遗憾的是，好工作越来越少，烂工作越来越多。这一章将向你解释出现这一现象的宏观和微观原因。个体该如何应对这些变化？我在这一章跟你分享了我的体会：做小事，学习小的技能，享受小的快乐，等待大的洪流。

亲爱的读者，你可能是在嘈杂的机场读这本书，也可能是在幽静的咖啡馆读这本书。你可能是在自家卧室的床头读这本书，也可能是在故乡的老屋读这本书。这时候可能大雪纷飞，准备好年夜饭的父母正催促你赶紧吃饭。这时候也可能冬去春来，草长莺飞。

你为什么会读这本书呢？你希望借我的眼去看世界的变化，看到自己没有见过的东西。你希望看看我看到的，和你自己在这一年看到的有什么不同。你可能会同意我，也可能会提出抗议：这里写得不对。你可能会把这本书当作一本经济学通俗读物来读，也可能会把它当作一本非虚构作品来读。你可能对道理更感兴趣，也可能对故事更感兴趣。

但是，我知道，这都不是你读这本书的真正原因。

你读这本书的真正原因是你有个情感的心结。

你爱她，又怕她，不想离她近，又不想离她远。你能一眼看出她微妙的细节，但常常搞不懂她内心深处的渴望。你觉得她应该更好一些，比如更漂亮一些，更高贵一些，更妩媚一些，但当她真的变了，你又很不适应。是的，她一直在变，但你经常以为她还是原来的样子。你爱她的时候她还年轻，不知不觉，你老了，她也老了。从你自己的口中叫出她的名字，你总会觉得有些别扭，但只要别人提到她的名字，你一定会竖起耳朵偷听。你可以抱怨她，但别人不能批评她。

我们虽然没有互相坦白，但彼此心照不宣。我们就像一棵树和另一棵树，根须在地下交织缠绕，用一种不需要语言的方式交流。你我都明白，她才是我写了这么久，你又读了这么久的原因。你读到的，你能联想到的，让你惊奇的，让你感动的，甚至让你黯然神伤的，只有她一个——那就是你唯一的祖国。

# 注　释

1　［爱尔兰］萨缪尔·贝克特：《等待戈多》，施咸荣译，人民文学出版社 2002 年版。

2　［印度］考希克·巴苏：《政策制定的艺术》，卓贤译，中信出版集团 2016 年版。

3　杨照：《史记的读法：司马迁的历史世界》，广西师范大学出版社 2019 年版。

4　［美］乔治·伽莫夫、［英］罗素·斯坦纳德：《物理世界奇遇记》，吴伯泽译，科学出版社 2008 年版。

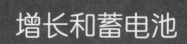

# 增长和蓄电池

# 沈晞

这个场景在当代中国无比熟悉：一切都还空空荡荡，却可以尽情畅想。

沈晞带我去看他未来的企业办公楼。这一层以后要做财务、人事和办公室。他的声音在空荡荡的厂房里显得有些遥远。几张办公桌挤在一起，这就是他的全部人马。这一层以后是研发部。沈晞是工程师出身，他的团队几乎清一色都是理工男，研发是他们最爱干的事。这一层以后是产品检测中心。检测和生产要分开。生产车间在后面的另一栋楼里，那里已经在紧锣密鼓地装修了。现在只有一条试产线，机器设备都是从深圳搬来南通的，工人也是从深圳搬来的。按照沈晞的设想，未来，这里将建成 10 吉瓦时[1]的储能电池生产基地。

我们走到楼顶。沈晞说，以后可以在这里打羽毛球。旁边的同事说，风大，打不了羽毛球，不如装个篮球架。马上又有人否决，篮球会掉下去。他们热烈地讨论了一会儿，最后达成的一致意见是在楼顶上烧烤。

办公楼的旁边有座裙楼，沈晞打算改造成自己的住所。这一间做卧室。他站在灰秃秃的毛坯房中央，手里夹着一根香烟，打量左右，说："这间房比我深圳的客厅还大。"他凑近窗户，朝外看了一眼，回过头跟属下说："把这边的窗户玻璃换一下，外面是马路，怕吵。"我们沿着没有护栏的楼梯走到下面一层。沈晞说："这里可以改成客房，留一个房间做茶室，我可以和客人一起喝茶聊天。"

从裙楼出来，我们又绕回办公楼。办公楼的门口留了两个花坛，水泥砌出的池子，里面什么都没有。沈晞不停地上下拉着夹克衫的拉链，兴奋地说："这里改成荷花池吧，有荷花有水，我儿子来看我的时候可以在这儿玩水。"

自己当老板的感觉真好。


每一个中国人的基因里都刻着：我要当老板。中国只有两种人：已经当了老板的和以后想要当老板的。这个独特的现象其实有其时代背景。在经济高速增长时期，创业机会更多，人们更愿意冒风险。如今，潮水退去，还有创业的机会吗？还有支持创业的风险投资吗？

我观察到一个现象：企业家是一茬一茬的。20世纪80年代发财的是一批乡镇企业家；20世纪90年代"下海"的大多干了房地产；21世纪初冒出头一批"海归"IT人才。现在又是谁在创业呢？

像沈晞这样的创业者就很有代表性：理工男，在制造业的大企业工作过，曾经身临一线，懂技术懂生产。沈晞早就想创办一家专门生产储能电池的企业。他的底气来自在比亚迪把动力电池搞出来的经历。他是做动力电池的第一代人，也是比亚迪著名的"刀片电池"项目的操盘手。2022年，沈晞和他的团队创建了一家叫懋略的企业，在深圳有自己的研发中心，在南通建了生产基地，摩拳擦掌，准备大干一场。他的老朋友，也是懋略最重要的投资人夏佐全却提醒他，要警惕，太顺了不好。


夏佐全的提醒是对的。沈晞的事业一直很顺，他赶上了时代的浪潮。2000年，他在南京大学化学系读完研究生，进了比亚迪。沈晞最早在比亚迪的中央研究院工作，老板王传福亲自给他们出题目，带着他们做科研。沈晞一进去就做过关于锂电池电解液的研究。

从实验室到生产线，一切来得比所有人的想象更快。2003年，比亚迪宣布要在2008年，也就是北京举办奥运会那一年，造出自己的新能源汽车。新能源汽车用的电池叫动力电池。1998年比亚迪成立第二事业部，主要生产电池。沈晞一直是第二事业部的骨干，是王传福的得力干将。

怎么造动力电池？电池企业没干过，汽车企业也没干过。比亚迪原来是生产手机电池的。动力电池和手机电池大不一样。手机上用的是小电池，一块电池的容量大约是1000毫安时，有的能有2000—3000毫安时，而比亚迪为电动车开发的磷酸铁锂电池，容量则达到了100安时，也就是100000毫安时。此外，手机里只有1块电池，而汽车的电池包里有100多节电池，对一致性的要求更高。

正是因为自己不会干，才要虚心学习。比亚迪和日本企业合作，中方人员提设计方案，日本企业提供生产设备。合作推进了一段时间，比亚迪发现：原来还能这么做，原来还能做得这么好。见过世面之后，进步更快。

正是因为别人也没有干过，所以胆子才大。2011年，比亚迪在惠州建成了产能2吉瓦时的国内第一条动力电池自动化生产线。很快，沈晞又带着人马奔赴深圳坪山的坑梓，准备再建一家规模更大的工厂。任务重，工期短，沈晞一头扎进厂里，没有时间回家。妻子带着孩子过去看他。到坑梓的路很远，车子开得太久，孩子憋坏了。见到孩子，沈晞高兴地过去抱，一泡童子尿全浇到了爸爸身上。2015年，坑梓一期建设完工，建成8吉瓦时的磷酸铁锂电池产线；2017年完成二期建设，建成6吉瓦时的三元电池产线。有了惠州和坑梓的经验，之后在青海西宁、重庆璧山、陕西西安、湖南长沙、安徽蚌埠和贵州贵阳等地的新生产线建起来就顺利多了，各地的工厂如雨后春笋一般拔地而起。一个新兴产业从无到有，从小到大，只用了大约十年时间。这段经历弥足珍贵。夏佐全跟其他投资人介绍情况时总会特意讲："我们敢投沈晞的项目，是因为他什么都干过，出了什么问题都能解决。"

但是，除了生产之外的事情，沈晞并不在行。在遇到夏佐全之前，沈晞的创业并不顺利。

起初，沈晞想做得简单一些，搞一个轻资产的设计公司，自己做研发，帮客户出方案就行。很快，他发现这是一种不能承受之轻。动力电池的关键不在于轻灵时尚的点子，而在于要在生产中落地。生产是大规模的，一环扣一环。灵感只能来自一线，如果摸不到生产线，就找不到真正的问题。灵感也必须在生产一线得到检验，如果没有一线的检验，客户无从判断方案是否更有效，再精致的方案也无法在商业上得到验证。

之后，沈晞想过合作，借别人的东风。他尝试过和国有企业合作。好处是国有企业不差钱，又守规矩，你只要把该做的事情做好就行。坏处是国有企业常常没有激情，就像一群买了票不来看戏的观众。沈晞也找过风险资本。风险资本的风格正好相反。他们投了钱，最关心的是怎么加倍地把钱赚回来。他们不仅来看戏，而且要改台词，要上台指挥演员，甚至要换节目单。资本关心的是有没有故事。他们看中的是沈晞适合做故事的主角。可是，产品还没有做出来，怎么讲故事呢？

沈晞也不知道该怎么办，直到有一天出差时，他在机场的贵宾休息室邂逅了夏佐全。夏佐全是比亚迪最早的投资者之一，从沈晞刚进比亚迪就对他有所关注。这些年来，夏佐全亲眼看到了沈晞的成长，也知道他离开了比亚迪，想自己创业。

夏佐全说，不如我来投你吧。

夏佐全的风格和其他风险投资家不一样。他对新能源产业情有独钟。用他的话说，新能源是实业界唯一值得投的机会。蛰伏多年，春雷炸响，新能源终于迎来了自己的机会。投资新能源，就是押宝中国制造业的后劲。

风险投资最早是跟着互联网企业走的。这是天作之合：资本的周期和行业的周期恰好匹配。资本想赚快钱，互联网企业就是赚快钱的。投资一家互联网企业，一两年就能看清楚它到底能不能赚钱，三五年就能让企业上市，资本变现，拿钱走人。

可一旦要投制造业，资本的周期就未必对得上产业的周期。制造业需要的投入更多，周期更长，没有那么多快钱可赚。但夏佐全说，我们等得起，我可以等二十年。别的风险投资会催着创业企业上市，好变现之后走人。但夏佐全说，别着急，什么时候高兴上市，再上市也不迟。

我在南通参观的戆略生产基地，也是夏佐全帮忙找到的。

夏佐全手下有个小伙子，叫黄江洋。黄江洋是个"90后"，家境优裕，生活轻松。他在国内读了个极为普通的大学，河南理工大学。之后出国，在纽约大学读了硕士。黄江洋刚从国外回来，就和国内的人打成一片。夏佐全说："我也搞不明白，他一个年轻人怎么这么会社交？！"

黄江洋发现自己进入这个行业毫无障碍。投资不就是跟人打交道吗？投资圈里忽然聚集了一批和他年龄相仿、背景相似的年轻人，有的在国外的投行，有的在国内的基金。大家平时常找机会聚，一起泡酒吧、冲浪，玩着玩着就交流了信息，把很多事情搞定了——如果你是中产阶层父母，这将是一个让你长吁一口气的好消息。幸好，时代并没有谢幕，只不过是转场了。

黄江洋的新鲜劲儿还没过去。投资有很多环节，募、投、管、退 2，都要去学。没有点真功夫，在江湖上没法混。黄江洋感慨地说："我发现了，那些热衷于用美女做公关的投资基金都活不长。"

夏佐全把帮沈晞找生产基地的任务交给了黄江洋。黄江洋立马出发，到长三角一带选址。他去过滁州、苏州和张家港，最后选定了南通。

南通在长江以北，和上海、苏州只有一江之隔，过去却是出了名地"难通"。坐火车从南通到上海，要绕道两百多公里之外的南京，特快列车也需要走八个多小时。这座城市不属于苏南，又不愿意当苏北，是一座既不服气、又不甘心的城市。苏南讲吴语，苏北讲江淮官话，南通恰好处于吴语和江淮官话的混杂区。如皋、海安一带的方言属于江淮官话，海门、启东一带的方言属于吴语，崇州、通州一带讲的则是江淮官话中夹杂着吴语。江苏很"散装"，南通也很"散装"。2008 年之后，苏通大桥、崇启大桥陆续开通。2020 年，南通和上海之间有了高铁，南通才算进入了长三角的"一小时经济圈"。懋略所在的苏锡通科技产业园区位于南通的南部，G15 沈海高速穿园区而过。黄江洋说，我们要在路边放个广告牌，所有下高速的车辆第一眼就能看到我们。

选择南通，并不仅仅是因为这里交通便利，还因为这里更容易"扎堆"。有一批新能源企业都是在长三角起家的。要做储能电池，可以极方便地在南通附近找到上下游配套企业：生产正极材料的瑞翔、当升，生产负极材料的贝特瑞、百川，生产隔膜的星源、中材科技，生产电解液的新宙邦、国泰……单打独斗的时代结束了，你得尽快找到队伍。

黄江洋说，懋略现在的办公楼和生产车间是捡漏捡来的。这个地块原本属于一家美国企业。中美贸易关系紧张之后，美国企业撤走了，建成的办公楼和厂房还没有来得及用，正好先给懋略。有了这座厂房，能省不少时间，进度就能朝前赶。

不过，这块地还是不够用。苏锡通产业园区又给了懋略第二块地，距离我们所在的办公楼不远，也就五分钟车程。

那里还是一片空地。满眼都是盛开的野生油菜花。蜜蜂和黄蜂在花丛中穿梭，不理睬我们这群突然闯入的外来者。野生油菜花下面是黑油油的土壤。还没有其他人来过，只有我们留下的脚印。沈晞快乐得像土改时刚分到耕地的农民。他横着手机，竖着手机，从不同的角度拍野生油菜花。直起身来，他踌躇满志地跟我说："很快的，何老师，到你下次再来，这里将是一片现代化的工厂。"

# 1.2

## 为什么高速经济增长如此重要

每一个中国人都很焦虑，生怕会错过什么机会。我们就像一群等火车的人。原来，每趟火车都按照列车时刻表准时到达，准时出发。后来，火车晚点了。有时候晚点五分钟，有时候晚点半小时。等火车的人心里就犯嘀咕了：下一趟火车会不会晚点呢？可能晚点多久呢？甚至，还有没有下一趟车呢？

我们要等的车就是高速经济增长。

让我们先来讨论一个似乎不需要讨论的问题：为什么高速经济增长如此重要？

你的反应一定是，这个问题太简单了，尤其是对中国人来说。我们亲眼见证了高速经济增长带来的好处，国家强大了，人民富裕了。高速经济增长很重要，这不是显而易见的吗？

显而易见的答案，往往不是真正的答案。探索社会问题的答案时，我们常常会像考古学家一样，发现地下一层的下面还有一层。宫殿被毁了，甚至整个城市被毁了，还有后人在原来的基础上重建，层层累积，互相交错。1871 年，德国业余考古爱好者海因里希·施里曼在土耳其西北部、距离达达尼尔海峡不远的希沙利克发现了特洛伊城遗址。好了，问题解决了，《荷马史诗》中讲的特洛伊战争就发生在这里。但是，考古学家在这里找到了不同年代的断层，谁也无法确证哪个断层代表的年代是特洛伊战争时期。就连有没有特洛伊战争，学者们都仍在争论不休。[3]

那么，如果我们不认为这个问题早有定论，如果我们退后一步，重新审视这个问题，我们会有什么新的洞见呢？

我们先看看经济增长和战争的关系。高速经济增长有助于防范战争，而战争在整个人类的历史中从未离场。你可能会说，不对，这个观点并不新鲜，而且已经“破产”了。人们曾经以为，各国之间有了更紧密的经济往来，就都会一心一意发展经济，不再有冲突了，没想到贸易也能带来这么多摩擦。不，我要说的不是这个。我要说的是，当一国能相对他国保持更高的经济增长时，该国更不愿意和他国发生纠纷。

为了理解这一点，让我们从人类的天性说起。人是一种群居动物。所有的群居动物都有一种共同的属性，即对内保持团结，对外保持警觉。为了保持内部的团结，人们经常需要到外部寻找潜在的对手。这种天性会不可避免地带来不同人群之间的冲突，极端情况下，冲突会以战争的方式爆发。这听起来像是悲观的宿命论，不过，也有解决的办法。美国社会学家丹尼尔·贝尔在《资本主义文化矛盾》一书中讲到，经济增长已经成为工业化国家的"世俗宗教"。[4]

这是什么意思呢？这就是说，就像体育比赛代替了斗殴的天性一样，经济增长成了国与国之间一种有规则的比赛。注意，这个观点暗含着一种假设，即制度的优越性能推动经济增长。当一国能保持比他国更高的经济增长时，不仅该国的综合实力提高了，而且该国的国民也普遍对本国的制度更自信。这就是经济增长的妙处。也就是说，经济增长几乎解决了关于民族凝聚力的所有问题。该国有理由相信，经济增长会使本国对内保持更强的凝聚力，对外保持更大的吸引力。相反，当一国不再持续高速增长时，该国就会遇到很大的麻烦。一方面，内部凝聚力下降；另一方面，对外吸引力下降，于是，该国就会更担心随之而来的地缘政治风险。这就导致该国更关注安全问题而非经济增长。随着政策重心更多地向安全而非增长倾斜，增长速度可能进一步下降，陷入自我实现的预言。以前，人们并不去深思这一层关系。现在，我要告诉你，这是你去观察宏观大势的一条重要线索。

让我们再来看一下经济增长和社会道德之间的关系。你是我的读者，你应该还记得我之前介绍过美国经济学家本杰明·弗里德曼的一本书：《经济增长的道德含义》。让我把这本书的主要观点重复一下：在经济高速增长时期，人们更加乐观、开放，而在低速增长时期，人们更加排外、狭隘。[5]

这告诉我们什么呢？有时，我们会感慨世风日下，不知道哪里冒出来那么多戾气。我们以为这是因为互联网、娱乐圈，或是教育水平下降。都不是。最底层的原因还是经济。

最后，让我再告诉你一个观点：经济高速增长更容易解决社会问题。你可能觉得这并不稀奇。经济高速增长就有钱，有钱就好办事。如果教育出了问题，那就增加对教育的投资。如果卫生出了问题，那就增加对卫生的投资。这不是挺简单的道理吗？

你想的是对的，但是，人们常会忘记这个道理。我之所以要讲这个观点，是因为有另外一种观点让我很困惑，也很不安。奇怪的是，这是在一群非常支持改革、很有正义感，也很有知识的精英当中非常流行的观点。他们认为，改革是非常重要的。这没有错。他们深知改革是艰难的，改革会带来阵痛。这也没错。但他们还会再朝前走一步。不知为何，他们相信为了推进改革，必须忍受经济低速增长。我猜，他们心里想的是，你连经济下行的痛苦都没有承受，怎么称得上动真格的改革？

我把这一派人称为"改革受难派"。"改革受难派"认为，任何刺激经济增长的政策都是偷懒的，因为没有进行痛苦的改革。你必须受难，才能得到救赎——我不得不感慨，这一代人历经了那么多磨难，竟依然能保持纯真的理想主义，所以他们才会有这样执着的念头——他们甚至认为，不要怕经济低迷，经济低迷反而能推动改革，因为改革一向是被"倒逼"出来的。

这种观点是经不起推敲的。哪怕我们接受他们的观点，认为改革是终极目标，我们也必须看到，改革的最佳时机是经济高速增长的时候。任何改革都会产生赢家和输家，总会有受损者，为了让改革的阻力更小，就要在一定程度上补偿受损者，而只有在经济高速增长时期，才有更多的红利，才能更容易地实现这种转移支付。

再往深处说，改革是目的，还是手段呢？我觉得改革是手段，经济增长才是目的。那么，为了促进经济增长，是不是一定要选择最艰难的改革呢？不是的，有更简单也更有效的办法。如果说"改革受难派"搞错了什么，那他们错就错在把问题想得太复杂了。明明是一道四则运算题，他们非要用微积分求解。

真的，没那么难。有更简单巧妙的解法。

稍后我来揭晓答案。

# 1.3

## 王晶

王晶嫌自己的老板沈晞做事太慢。

沈晞团队的几位骨干，各有各的特色，而王晶是说话最冲的那个。佟总负责销售，他常驻北京，非常重视政府和企业的关系。在他看来，储能电池要先吃一波政策红利，再吃市场红利。吴总负责研发，他是南通本地人，但他在每一个场合都要很认真地澄清，自己是如东县人，听不懂城里的南通话。张总负责总务和后勤，他在一群工程师里显得相当另类。他是工人，当年在比亚迪被沈晞挑中，给沈晞做实验助手。从那之后，他就一直追随沈晞。王晶和香港导演王晶名字一样，甚至模样都有点像。他出生在江苏宿迁，著名的白酒之乡，但他是一个不会喝酒的宿迁人。

王晶的眼镜戴得有点歪，镜片后的眼睛有光闪烁。他的头发短而整齐，硬而蓬松，处于按时修剪之后自然生长的状态。王晶说话速度极快，一边讲一边自己做总结。

"我是个幸运的人。"王晶说。他出生在苏北农村，父母在他上小学时就去上海打工了。所以，他是一个生长在沿海省份的留守儿童。农村长大的孩子，对未来的职业发展一无所知。他上大学报的是机械工程及自动化，这是一个万金油专业。

2008 年，王晶大学毕业，进入比亚迪工作。那是一个特斯拉首款车刚刚下线，而恒大还没有上市的年代，一切都还生机盎然。王晶是一个站在车门口、被挤上车的人。他刚上车，又想下去。拿到比亚迪的 offer（录用通知），他有点后悔。他想去一家更清闲的国有企业。学校说，你已经和比亚迪签约了，要是不去，得交3000 元违约金。农村孩子哪有那么多钱，于是，他就这样跟着列车出发了。

刚上车的乘客坐的都是二等座。王晶先入职到比亚迪的上海分部，住在三人间的宿舍，每天在公司接受培训，从一个教室到另一个教室，学习生产工艺、企业管理，这些都是在学校里学不到的新知识。他还没有适应环境，就赶上比亚迪要大干快上，兴建动力电池生产线。惠州的工厂缺人缺得厉害，上海分部的员工一股脑儿都被送到了惠州。王晶觉得上当受骗了。从繁华的上海到了偏僻的惠州，山脚下、水塘边，能看到的只有工棚和小卖部。在上海的时候，他刚从三人间宿舍调到单人间，到了惠州，又住回了三人间。原来还有比二等座更差的座位，王晶一路上都在赌气，不理睬来接他的领导。

**刚上车的时候坐的是什么座位并不重要，上的是哪一趟车才重要。** 比亚迪是一列风驰电掣的高铁，一边朝前开，一边给乘客提供升舱的机会。这里就像是一所大学校，能学到的东西太多了。刚进企业的大学生被分配在生产一线，和工人一起操作机器。在比亚迪，每个新员工都有个师傅。王晶的师傅是个比他早两年毕业的大学生。他每天跟在师傅的后面，看师傅如何在现场解决问题。王晶发现，自己特别喜欢这种在现场学习的感觉。他每天戴着安全帽，在工地上问东问西，就像金庸小说里张君宝跟着觉远大师在少林寺挑水、浇园，不知不觉内力大增，学会了上乘武功。

每个懋略的骨干都和创始人沈晞有一段往事。王晶第一次和沈晞打交道，是沈晞过来检查工作。要汇报的人没到场，王晶临时顶替。王晶讲起生产线如数家珍，有条有理，给沈晞留下了深刻印象。沈晞说，我要提拔你。他想把王晶的职级从 F 直接升到 E。这是不合常规的。一般情况下，刚毕业的大学生工作三五年之后才有可能升到 E 级。沈晞的要求被比亚迪的人力资源部否决了，但王晶一下子就出名了，大家都知道他很能干，很受沈总赏识。

创业时看不到的问题，到了企业快速发展、规模膨胀的时候就暴露出来了。2012 年出了一起黑天鹅事件。5 月 26 日凌晨，在深圳的滨海大道侨城东路段，一辆红色的 GTR 跑车迎面撞上了两辆车，其中一辆是比亚迪纯电动出租车 E6。E6 随后着火，车上三名乘客无一生还。这次事故引起公众的极大关注，新能源汽车市场一时陷入低谷。当时，比亚迪的人力资源部裁减了大批做新能源的员工，剩下的员工放了大半年假，回来上班的时候也无事可做，每天只能打扫卫生。就在比亚迪大规模裁员的时候，宁德时代开始拼命招人。事后发现，本以为是低谷，其实只是新能源汽车遇到的一道沟坎，高光时刻还在后面。

但王晶等不下去了，他不想错过时代的洪流。2018年，王晶辞职创业，开办了一家叫锂诺的企业。锂诺从湖北的东风汽车拿到一笔大订单，给东风汽车提供动力电池。有了大客户的订单，又有丰富的生产经验，按说这是个十拿九稳的项目。可惜，商业比技术凶险得多。锂诺的资金链断了。王晶事后才知道，许诺要给他们钱的投资者根本就没有钱，他只是想在企业和政府之间周旋，空手套白狼，但没有运作好，露馅了。王晶的创业梦想，被拍死在怪石嶙峋的冰冷海滩上。

如果没有这段失败的创业经历，很难说王晶会不会加入懋略。对大多数人来说，创业并不是最值得的选择。你需要经验、能力、机缘和勇气，最重要的是勇气。很奇怪，这种勇气往往来自一种人到中年的躁动。和王晶一样，加入懋略的伙伴本来都可以有更安稳舒适的生活。他们可以去大企业做高管，收入不菲，也不用这么累。他们之所以聚到一起创业，是出于一种不甘心和不服气。沈晞和王晶们可能是中国最后一代热衷于创业的人了。比他们更年轻的一代更强调自己做主，做自己喜欢做的事，但他们未必有沈晞和王晶这样的一腔热血，看见洪流不顾一切就往里跳。这到底是勇气还是莽撞，只有时间才能证明。

所有的创业者都一样风风火火，心里都很着急。在沈晞的团队里，常常是下属们比沈晞还着急。王晶每天都急得不得了。

他看见自己的手下心里就急。虽说团队里高手如云，各路神仙都到齐了，但这个团队的致命缺陷是中层和基层的人才跟不上。这样的组织就像倒置的金字塔，根基不稳。高层团队越是亮眼，组织内部的隐忧就越大，因为下属们理解不了领导的意图。上面高瞻远瞩，下面迈不开步。

王晶刚和一名技术人员吵了一架。他们有两种规格不同的产品，需要两条不同的输送线。王晶想了个办法，找来一个技术人员，告诉他："你设计一个托盘，把这两种产品都放进托盘里，托盘的规格一样，输送线就能共用。"技术人员说："哦，知道了。"过了一会儿，他又回来了，一脸困惑地问："可是产品有的高，有的低，怎么办呢？"王晶一下子气坏了，这不白说了吗？"产品的高低，跟我输送线有什么关系？不是说了让你设计统一的托盘吗？我不仅告诉了你问题，还把答案都告诉你了，你连抄答案都不会吗？"他越说声音越大，搞得沈晞都要过来看到底发生了什么事。

王晶看见沈晞心里也急。沈晞和王传福一样，最关心的都是技术路线，对管理没那么上心。沈晞是彻头彻尾的完美主义者，每件事情都想做得尽善尽美，一件事情没有圆满完成，就不愿意做下一件。王晶催他，新的工地该开工了，沈晞说，再等等，我觉得设计图还要再改改。该开财务会议了，沈晞说，先别着急，我还没招到合适的财务总监。进入这条赛道的可不止懋略一家。未来将有一场激烈的厮杀。赢家或许只有一个，其他企业都是陪跑。

王晶心里在呐喊：快点啊，再快一点，要不然就赶不上这趟车了。

# 1.4

## 什么样的政策能促进经济增长

如果持续的高速增长如此重要，那什么样的政策才能推动增长呢？

想要找到解决问题的方案，就要先对问题做诊断。我们要先弄明白，中国经济到底出了什么问题。

一个简单的宏观经济学分析框架，可以帮我们看清中国现在遇到的问题。新冠疫情对总供给和总需求都产生了负面的冲击。总供给遇到了负面冲击，是因为经常停工停产，供应链受到了影响，生产遇到了麻烦。总需求也遇到了负面冲击，是因为疫情管控的时候没法出去消费，疫情过去了，有人收入下降了，有人担心以后收入不会增加，所以不敢再大手大脚地消费了。比较棘手的问题是，在总供给和总需求同时受到负面冲击的情况下，哪一个影响更大呢？

其实很简单，只需要看物价水平的变化。如果总供给下降的幅度超过了总需求下降的幅度，就会导致供不应求，物价水平会上涨。这就是经济学中所说的通货膨胀。如果总需求下降的幅度超过了总供给下降的幅度，物价就会下跌。这就是经济学中所说的通货紧缩。

那我们现在遇到的是什么问题呢？很难看出中国有通货膨胀的压力，相反，我们现在遇到的是通货紧缩的压力。关于这一点，我将在本书第二章展开讨论。通货紧缩意味着，我们现在要解决的最迫切的问题是总需求不足。对宏观经济学家来说，这反而是个好消息。如果是总供给不足，宏观经济学家就要挠头了。怎么办呢？放松管制？补贴技术创新？鼓励生育？好像没有什么能立竿见影的对策。但遇到总需求不足，宏观经济学家就有信心开药方了。好办，这要用扩张性的货币政策和财政政策。我将在第三章讨论货币政策，在第四章讨论财政政策。

等一下，有人要站出来反对了。刺激政策就是政府干预，政府干预就要惹出麻烦。2008年全球金融危机爆发，中国很快就实施了4万亿刺激政策。这是非常标准的宏观经济政策操作。但从那之后，对4万亿刺激政策的批评就没有消停过。批评者说，你看，后面遇到的那些问题，比如产能过剩、银行坏账、地方政府债务压力，不都是4万亿刺激政策的后遗症吗？

不，那不是4万亿刺激政策的后遗症，而是4万亿刺激政策退出过早的后遗症。2008年11月，中国推出了大约4万亿元的政府投资计划，这是一揽子的财政刺激政策。之后，又实行了极度扩张的货币政策。一位股份制银行的行长曾经告诉我，他们银行在 2009 年一年贷出去的款，比之前十年贷出去的还多。刺激政策力度这么大，好处是效果立刻显现，中国经济很快出现了"V"形反弹；坏处是反弹太快，政策很快就发生了新转向，到 2009 年下半年，货币政策就悄悄地往回收了。

你来想想这样的情景。你是个企业家，本来没有扩大投资的计划。银行忽然找到你，软磨硬泡要贷款给你。你经不住劝说，贷了款，要买设备、建厂房、扩大产能。做企业的朋友都知道，扩大产能可不是三天五天就能干完的，一期工程、二期工程，拖的时间很久。问题来了，你一期工程刚刚开始，却遇到银根[6]收紧了，银行没法再贷款给你，怎么办？不继续投，前功尽弃；继续投，没有贷款。银行也不想让企业破产，但又要避开信贷管制，于是才出现了后来备受关注的"影子银行"——银行想办法用贷款之外的办法，通过"秘密通道"为企业融资。

这才是 4 万亿刺激政策留给我们的启示。没有 4 万亿刺激政策，中国在 2009 年一定会陷入经济危机。但 4 万亿刺激政策退出太早，留下了很多后遗症。开药的时候，医生总要叮嘱病人，吃药要吃完一个完整的疗程，不要以为症状消失了就停药，症状消失了不代表着痊愈。宏观经济政策也是一样。

**好的宏观政策要信号清晰**。4 万亿刺激政策之所以效果那么显著，是因为政策信号极为清晰，所有人都知道政府要刺激经济，力气就能往一处使。糟糕的宏观政策信号不清晰。如果一脚油门，再一脚刹车，甚至，同时踩下油门和刹车，车子就无所适从。

有人可能会说，改革尚未成功，同志仍需努力。很多行业还没有放开准入。劳动力市场还不能充分自由流动。农村的土地资源并没有盘活。资本市场的规则还要完善。服务业还没有对外开放……我同意，他们讲的都特别有道理。问题不止如此，我们还能提出更多的改革任务：不能只强调市场竞争，还要重视市场秩序，不能让大企业有妨碍竞争的垄断权力；不能只鼓励一部分人先富起来，还要实现共同富裕，要改变收入差距正在拉大的趋势；要抢占科技制高点，就要有产业政策，支持企业创新；要为子孙后代着想，保护好环境；要和其他国家一起，共同应对人类面临的气候变化的严峻挑战……

你看，我们总是想要完美的市场经济。一个完美的市场经济，既没有垄断，也没有污染；既没有保护主义，也没有官僚主义；基础设施要啥有啥，技术创新处处领先。可惜，像这样完美的市场经济是不存在的。中国没有，国外也没有。过去没有，以后也不会有。

这个世界上没有完美的市场经济，一如没有完美的家长、完美的爱人、完美的朋友。但是，这并不妨碍孩子们健康地成长、情侣们难舍难分、好朋友一起度过美好时光。我们只需要差不多够好的父母、差不多够好的爱人，以及差不多够好的朋友。你必须接受现实。这就是生活。

同样的道理，**我们并不需要完美的市场经济，只要有差不多够好的市场经济就行**。差不多够好的市场经济，一样能推动经济增长。经过四十多年的改革开放，中国经济的市场化程度大幅度提高，虽然没有达到完美的境界，但足以维持正常的运转。

如果已经是差不多够好的市场经济，那么，制度环境对经济增长的影响相对减弱，经济增长更多来自市场主体推动的进步。之所以这么讲是因为，我们已经有了一批优秀的企业家，他们的聪明程度和勤奋程度都令人赞叹。遇到各种问题，他们并不抱怨，而是会想方设法解决问题。我们也有了一批成熟的产业，有完整的产业链，生产技术和管理水平都有了显著的提高。我们还有了相当完善的基础设施，不只是硬件，也包括软件。综合来看，中国的投资环境并不比外国，甚至发达国家差。最能赚钱的地方还是中国。我们已经深深地扎根于国际分工体系，从汽车到手机，从芯片到鞋子，全球经济离不开中国，中国也离不开全球经济。

中国经济的规模已经到了这样的程度，以至于会产生一种巨大的惯性，靠着这种惯性，中国经济就能继续前进。这个惯性会继续带来很多微创新，而到了一定阶段，量变会转换成质变。

中国经济之所以能不断进步，还来自一种更为隐形但极为强大的力量，那就是一股子不甘心和不服气的劲头。就像爬山一样，我们已经走了很久，终于能看到山顶了。距离山顶这么近，如果放弃，会很不甘心。我们甚至能看到先我们一步到达山顶的人。他们能上去，我们要是上不去，会很不服气。这股子不甘心和不服气的劲头，就是中国经济的火箭燃料。

再打个比方。如果我们给中国的市场化改革打分，那么，在改革之前，比如20世纪70年代，要算不及格；到了20世纪80年代，70分；到了20世纪90年代，差不多80分；现在呢？我给打90分。

你会问，既然都到90分了，为什么不努力一把，考个100分呢？基于我这么多年当学生、教学生的经验，我可以告诉你，能考100分当然很开心，但千万不要非考100分不可。从60分到90分并不难，难的是从90分到100分。按成本收益来算，玩命地考100分很可能得不偿失。为了考100分，你要熬夜苦读，放弃社交和娱乐，睡眠不足，眼睛近视，精神高度紧张，最糟糕的情况下，整个人都会崩溃。90分就已经挺好了。就算考得比90分更低，85分，天也不会塌下来。

回到对中国经济的讨论，我们可以再总结一下：虽然改革很重要，但那是长期的任务。目前，我们遇到的是总需求不足的问题，短期目标就应该是采取宏观政策刺激经济增长。长期目标不妨更从容，短期目标需要更紧迫。决策者时常要选择优先次序，优先次序的不同，将导致结果大相径庭。在当前情况下，追求完美市场经济的改革，可能过犹不及，反而会损害市场经济。正确的优先次序是先用宏观刺激政策保住经济增长，让时间解决问题，让增长解决问题。**成功的改革往往不是倒逼出来的，而是鼓励出来的。**一个成就激励另一个成就，小的成就累积成大的成就。

我之所以支持差不多够好的市场经济，而不是完美的市场经济，还有一个原因。我一直觉得，未来将会出现一场新技术革命。沧海横流，方显英雄本色。未来，将会有新的主导产业横空出世。这将是一个"创造性毁灭"的过程。这将是一个非常戏剧性的过程。

所以，不要着急，让市场竞争再混乱一些，让子弹再飞一会儿。

# 1.5 包头

南通要发展新能源，常州也要发展新能源，苏州说，等等，你们是不是把我忘了？安徽要发展新能源，河北也要发展新能源，广西说，哎，能不能带上兄弟我？——全中国每一个地方似乎都想发展新能源。但是，就像跑马拉松一样，在起跑线冲得最快的未必能跑到终点，一开始压着配速的反而能在下半场提速。后行者有后发优势。

谁也没有想到，光伏产业发展最快的城市是包头。据报道，2023年年底，包头的单晶硅、多晶硅产量将占全国总产量的40%，切片、电池片、组件和工业硅一齐发力，整个包头光伏产业的产值将达到约2500亿元。"十四五"末，全市光伏装备制造全行业产值有望达到6000亿元。[7]

《置身事内》一书的作者，在复旦大学任教的兰小欢跟我说："何老师，跟我回趟包头吧，我是包头人，都不知道这两年家乡有这么大的变化。"不要说是在外地工作的兰小欢，就连本地干部都没想到。从江苏过来投资的光伏企业弘元绿能（以下简称弘元）告诉包头市青山区委书记丁凯，他们企业的目标是创造超过 1000 亿元的营业收入。丁凯吓了一跳。青山区原来最有名气的企业是一机厂和二机厂。一机厂生产坦克，二机厂生产高射炮，都是深藏不露的军工大佬，但一机厂的营业收入大约为 140 亿元，二机厂比一机厂更少。弘元刚涉足光伏产业 4 年，到 2022 年营业收入就已经超过了 200 亿元。这么说，弘元要实现千亿目标也不是没有可能？丁凯还是不敢相信。包头最大的企业是包钢。包钢在"一五"期间就开始兴建，要说没有包钢就没有包头，都不算夸张。可是，包钢干了将近 70 年，营业收入才超过 1000 亿元。一个名不见经传的民营企业，一个已经是红海的竞争惨烈的光伏产业，居然想跟包钢比？这怎么可能呢？

位于西北的包头更像一座东北城市。

它和很多东北城市一样，都是新中国刚刚成立就开始建设的老工业基地。包头有铁矿和煤矿，距离苏联又近，这在当时都是优势。朝鲜战争爆发，中央考虑把钢铁产业从东北内迁，在包头建包钢，是一步重要的战略布局。不是包头建包钢，而是集全国之力建包钢。来自上海、东北、四川各地的人员、物资纷纷奔赴包头。

和东北的老工业基地一样，包头后来从峰顶掉入了谷底。中苏关系交恶，随后是"文化大革命"，包钢的发展陷入停滞，包头也从火红年代进入没落时期。和东北的老工业基地一样，包头虽然衰落了，但依然有一种雍容高贵的气质。包头的主要干道钢铁大街像北京的长安街一样开阔、肃穆。据说，最早包钢炼钢的矿渣就埋在这条路的下面。大街两边是宽大的绿化带。包头是绿化做得最好的中国城市之一，到处都是公园。城市中心还有一个面积达770公顷的湿地公园：赛汗塔拉生态园，比两个颐和园还大。城市里随处可以看见苏联式风格的建筑。当年的专家楼、职工宿舍保存完好，像被包在琥珀里的化石一样不受时光流逝的影响。大剧院里经常有交响乐音乐会，音乐会总是一票难求。

每一个城市都有过成长壮大的阶段。不少城市在鼎盛期过后逐渐衰落。很少有城市能在衰落之后再度复兴，比当年的辉煌期更有活力。

但包头满血复活了。


如果从后往前看，这一切就像苹果掉到地上一样自然。因为有地心引力，所以当然是这种结局。光伏企业先是在长三角一带发家。这里的生意人有眼光、肯吃苦，他们原来都是开工厂的，熟悉制造业。这里更接近国际市场，更容易获得市场、技术信息。长三角的企业家懂宏观，他们每天都看《新闻联播》。每年年底，他们自发地凑在一起，学习中央经济工作会议的公告。他们知道，政策里包含着商机。但随后，长三角的成本不断提高：工人的工资涨了，水电费涨了，土地不够用了，环保要求越来越高。这些企业开始陆续向外搬迁，而大西北地多、电价便宜、太阳能和风能都很充沛。水往低处流，企业跟着利润走。于是，这些企业就像候鸟迁徙一样，都飞到包头了。就这么简单。

换一个角度，还原到当时的决策现场，从前往后看，就会发现并非必然。这里有很多偶然因素。为什么来内蒙古而不是甘肃？为什么到包头而不是鄂尔多斯？为什么是弘元而不是无锡尚德？为什么是这几年而不是更早？更早来，会不会更好？

这是路径依赖性。一个初始条件引发了后续的变化，路径从此不一样。马的屁股决定了马车的宽度，马车的宽度决定了道路的宽度，最初的道路宽度决定了后来的汽车宽度，汽车的宽度决定了高速公路的宽度——现代化的高速公路体系规划，是由马屁股决定的。在这个过程中，宏观的力量大于微观。**聪明人不会想去改变洋流的方向，他们会想办法跟着洋流走**。乘着季风漂洋过海的船长，看到钱塘江涨潮时在江水里游泳的弄潮儿，不会想去学他们。

第一家到包头的光伏企业是阿特斯。阿特斯的创始人瞿晓铧曾在清华大学读书，他的老师、清华大学原校长顾秉林院士曾在包头市第九中学读书。瞿晓铧想到中国的西部投资，顾秉林说，你可以考虑考虑包头。就这样，阿特斯在2016年来到了包头。一个好的老师，胜过一群招商局干部。有了第一家企业，就很容易再吸引第二家、第三家企业。很快，通威、协鑫、大全、特变、晶澳、双良等光伏企业齐聚包头。

弘元在光伏行业中算一匹黑马。它原本是站在岸边的。弘元的前身是上机数控，这是一家专门为光伏企业提供加工设备的企业。弘元的创始人是杨建良。弘元包头生产基地的负责人郑永吉开玩笑说，不能让老板见客户，他不会说话，见一个得罪一个。杨建良虽然不善与人打交道，但特别肯钻研。他从德国、日本进口设备，组织队伍自己研发，到2014年推出国产的金刚线切片机，打破了国外厂商的垄断。

这项技术改良推动了光伏产业的一次洗牌。在光伏行业内，一直存在着单晶硅和多晶硅的路线之争。单晶硅比多晶硅具有更高的转换效率，但生产成本更高。一直以来，多晶硅是光伏市场的主流。金刚线切片技术的推广，大大降低了单晶硅的生产成本。同时，单晶硅拉晶工艺也突飞猛进。于是，单晶硅压倒了多晶硅。技术路线岔路口的每一次选择，都会带来巨大的机会。"春山磔磔鸣春禽，此间不可无我吟"。[8] 弘元从2019年投身这股洪流，大举进军光伏单晶硅领域。

令人震撼的不是弘元进入单晶硅领域之后增速飞快，而是它并不止步于此，还要上游下游一起开花。进入光伏行业之后，在短短 4 年时间里，弘元至少开启了 466 亿元的投建项目。从硅片到硅料，从电池片到组件，弘元都要参与。令人震撼的不是弘元一家企业在快速扩张，而是行业内几乎所有的企业都在快速扩张。通威主要生产高纯晶硅和电池片，现在已开始进军组件。隆基绿能在硅片和组件领域占据榜首，现在要加大在电池片环节的布局。晶澳科技、TCL 中环、晶科能源、天合光能……都在一体化的道路上狂奔。

快速扩张是因为能赚更多的钱吗？当然是的。我在包头看到的现场极为震撼。一片片厂房拔地而起，一边施工，一边生产。这些企业大多是 2022 年年初到包头，上半年开工，下半年就投产了。我问，你们的速度怎么这么快啊？他们说，这不算快，要不是疫情的影响，我们能更快。为什么这么快？因为要忙着赚钱啊。印钞厂印钱，速度都没有这么快。

但这其实并非真正的原因。光伏行业发展的速度太快，上游下游很难步调一致。于是，当一个环节成了短板时，相关产品的价格就会突然暴涨，而在产能建成之后又会出现过剩，价格随之暴跌。以硅料为例，2022 年年底，硅料价格尚处在每吨 33 万元的高位，随后在两个月的时间内暴跌 40%，经过反复之后又一路朝下，击穿每吨 6 万元的底线。[9] 如果心脏不好，千万不要做光伏行业。光伏行业头部企业的快速扩张，与其说是为了赚钱，不如说是为了不赔钱。大家都想打通上下游，上游的原材料价格涨了，下游的制造成本就低，失之东隅，收之桑榆。总不至于全行业一起死掉吧。

然而，这样做的结果是行业竞争更加惨烈。光伏行业的现状是：群雄逐鹿，未知鹿死谁手。龙头企业是光伏行业最大的谎言。哪怕你已经做到行业老大，一样可能惨遭淘汰。无锡尚德和江西赛维破产、汉能黯然退市，仿佛就在昨日。接下来还会有更多的技术岔路口，走错一步就再难回头；接下来行业内的企业会更加同质化，一切企业要在一切战场上与一切企业作战；接下来投入的资金更大、需要的人才更稀缺、管理难度更大。所有的企业都知道前面有一场硬仗。他们披星戴月，衔枚疾走，都想第一个抢占山头。谁都不敢大意，谁都信心十足。我采访过的光伏企业都告诉我，行业即将洗牌，会淘汰掉一大批企业。显然，他们都认为被淘汰的将是隔壁那家企业。一位投资光伏项目的朋友看得更清楚。他跟我抱怨："是的，何老师，我账上是浮盈，赚了几个亿，但这些钱我拿不出来，还得再投进去。我知道，只有一个赢家，别人都是陪跑的。我知道，我就是陪跑的。"

但是，你猜怎么着？宏观趋势并不在意微观命运。光伏行业的前途会越来越光明。硅料的价格下跌了，电池和组件的价格就下跌，发电成本更低，电站的利润更高。于是，电池和组件的需求更大，再带动硅料的需求更大。一轮一轮，波浪式前进。这个行业的发展不可遏制。这个行业注定是要改变地球面貌的。这个行业是欧美国家梦寐以求要做的。但是，别人只说不做，中国只做不说。中国的光伏行业一直被围追堵截，却越战越勇，占据了国际产业链的绝对优势。不知不觉间，中国光伏行业各个产品的市场占有率都已位居世界第一。光伏组件的市场占有率占全球市场的 75% 以上，电池片占 80% 左右，硅片更是高达 95%。[10]

所以，千万不要让中国人做，因为只要他们一做，别人就不知道还能怎么做。**中国人的故事就是用最直白的干活方式让全世界都觉得不可思议。中国人的使命就是让全世界都回到常识。**

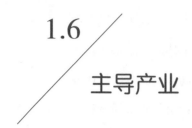

# 1.6

## 主导产业

你是我的读者，你记得我们从第一本《变量》就一直在聊技术变革。我们说过无人机公司在新疆创建了堪称农业自动化样板的"超级棉田"，也说过民营企业造火箭和人造卫星；我们说过智能制造，也说过自动驾驶；我们说过，在下一场新技术革命到来之前，将有一场巨大的资产价格泡沫；我们也说过，所有的重大技术创新，最终的宿命都是变成新的基础设施。

说这些的时候，我们就像是在家里准备晚宴。菜做好了，碗筷也摆好了，就等着客人来。我们一边等一边聊天，聊着关于客人们的逸闻趣事。忽然，楼下传来人声，走廊里响起脚步声。他们真的来了？

说了这么久，新技术革命真的要来了？谁是第一个到的客人呢？

会是 AI（人工智能）吗？

这一年，最激动人心的技术进步就是 ChatGPT [11]。ChatGPT 的进步可谓日新月异：3.5 版本出来了，4.0 版本又出来了；可以识别语音了，又可以合成语音了；可以识别图像了，也可以编程序了；可以做高考题、律师资格考试题，也可以填出《纽约时报》的字谜……

我不是技术迷。我对最新潮的东西一贯会先冷眼旁观一会儿。我肯定不会第一个坐飞船去火星，我要等第一个去火星的人回来了，看到他完好无损，我才去。但 AI 已经来到我们的身边，我们将亲身经历它带来的革命性冲击。我们早晚要和它见面，晚见面不如早见面。这一年，ChatGPT 已经成了我生活中必不可少的陪伴。我每天都会和它对话。

接触多了，我慢慢体会到了 ChatGPT 的风格。我本以为可以让它帮我写书。理论上讲是可以的。如果把我写过的、说过的所有话都输入进去，建立一个庞大的数据库，那么，随便给一个题目，AI 算法都会用我的口吻，组织出一大堆文字。但是，这件事至少现在还做不到，这本书还是得我自己写。那它能干吗？我发现，它是个好顾问，尤其是当你提出明确的问题时。但它并不准确。它很像我身边那群最聪明的朋友，永远不会承认自己有不懂的。即使不懂，它也要振振有词、一本正经地胡说八道。想方设法调戏它，已经成了我劳累工作之余的娱乐。

如果 AI 是一场革命，那它除了能回答我的提问，以及偶尔被我戏弄之外，总要有更重要的用途吧？事实上，AI 正在悄然渗透到商业和科研之中。

以商业而论，如果说以前的互联网是将大数据汇集起来，方便人类更好地决策，现在，我们能看到，AI 正在逐渐代替人类做出决策。很多事务性的工作，比如归档、填表、计划、数据分析、咨询，都很容易被 AI 取代。AI 也已经来到我们身边，并学习如何与人沟通、交流。AI 男朋友比人类男朋友更体贴、周到，AI 照护比人类子女更靠谱、好用，这将催生出更多的基于 AI 服务的商业模式。

以科研而论，AI 将改变科学家的研究方式。很多科研岗位将被 AI 取代。我问 ChatGPT，哪些科研领域最容易被 AI 替代？这是它的回答：数据分析、医药研发、基因组学、生物信息学、图像分析、自然语言处理、气象模型、天文学和天体物理学、材料科学……

更有意思的是，AI 不仅能自己动手做科研，还能预测人类的科研。基于已有的科研文献，AI 可以预测科研在哪个方向更容易实现突破，甚至可以预测最有可能是哪位科学家完成这些工作。AI 可以基于你的研究建议你，和哪位科学家合作能够更好地在专业上互补，发表更多、更优质的论文。也就是说，AI 可以帮科学家"约会"。[12]

我不准备用更大的篇幅来介绍 AI 的进展和影响。我觉得自己的积累还不充分。作为一个长达三十年的调研项目，《变量》有它独特的优势：如果今年赶不上写，那就明年再写。如果我们想讨论的是重大而深远的趋势，那尽可放心，我们是不可能错过它的。如果是真正的革命性的技术创新，你不用去找它，它会来找你。今后，我将专门为你调研 AI 给人类生活带来的变化。

那会不会是自动驾驶呢？

我们之前聊过，100% 替代人类司机的自动驾驶很难实现，这不仅涉及技术，还涉及监管、法律、伦理等问题。但是，辅助性的自动驾驶已经到来，而且应用场景越来越多。

一个朋友跟我说，去年他就用自动驾驶从北京开到了杭州，全程基本没有碰方向盘，就是在他的特斯拉里面坐着。我问他怎么做到的，他告诉我，只需要在方向盘上挂两瓶矿泉水就可以。我没听懂，但大受震撼。

还有一个朋友跟我说，他觉得在车上开会比在会议室效率还高。他的比亚迪有一个非常大的显示屏，感觉就是专门为开会设计的。有一次在二环上堵车时，他就接进了一个内部的小组工作讨论会，反正堵车也没事儿干，就跟着一起头脑风暴。可是开着开着，他发现前面堵得没那么厉害了，车速要起来，他就越说越快，越说越着急。一起开会的小年轻不知道怎么回事，还以为老板不开心了，这一急，五分钟就把方案给提出来了。

我的朋友告诉我，方案还挺好。

在我看来，自动驾驶的背后还有一个更大的产业，那就是新能源。我们很可能都低估了新能源产业。它可能最有希望成为未来的主导产业。

让我意识到这一点的是一个企业家朋友。有一次喝茶的时候，他告诉我，去年做得最划算的一笔投资不是上新设备，也不是收购其他的工厂，而是自建了一套光伏发电设施。他跟我讲，这一套光伏发电，光靠省下来的电费，短则三年、长则五年就能回本。

他非常感慨地跟我说了一句："何老师，你说现在啥投资能比这个划算？"

我在南通、常州、包头等地做调研，也看到了新能源产业突飞猛进的发展。当然，我不是研究新能源的，那些技术细节和行业潜规则我还没有搞得一清二楚。我不是为了告诉你，新能源产业里到底哪家企业做得最好，只是想跟你说说，我是怎么关注到这个问题的。

一旦关注到了，我就开始花更多的心思琢磨这件事。为什么这件事情很重要呢？因为我一直在想，中国经济未来的主导产业可能是什么。

我们可以把产业按照两个维度分到四个象限。一个维度是规模，另一个维度是速度。于是，我们就能找到四种不同特性的产业。

第一种，规模大，发展速度快，这就是主导产业。它们有很强的拉动作用，能带动上下游，甚至使整个中国经济发展得更快，走出一条新路。

第二种，规模大，但发展速度慢，这就是基础产业。它们是国民经济的基石，不可动摇，但也不必追求过快的发展。

第三种，规模小，但发展速度快，这就是所谓的风口。它们是很多企业，尤其民营企业最喜欢去追的。踩点儿踩准了，很快就能大赚一把，但这些企业很难做成国民级的大企业。

第四种，规模小，发展速度慢，这是"占座产业"。英文有一个对应的词叫 niche，音译是"利基"，意思是生态位。也就是像庙里供菩萨的神龛一样，一个神龛里只能坐一个菩萨。这些产业看似小，但都是一个个生态位，缺了它们，经济的生态系统就无法良性运转。

基础产业、风口和占座产业常有，只有主导产业很难找。20世纪 90 年代，中国进行住房体制改革，于是，出现了房地产业。再往后，顺应互联网革命，涌现出一批互联网大厂。房地产和互联网，就是支撑了中国经济高速增长的主导产业。但是，我们也看得很清楚，房地产和互联网都过了鼎盛期，不可能再像过去那样高速增长了。

问题来了，中国经济有没有可能出现新的主导产业呢？

我心里没有确切的答案。但不妨猜测一下，新能源产业就是一个潜在的候选者。新能源产业发展速度快，这自不必说了。我再来给你简单算算，这个产业可能有多大规模。这样，我们就能知道，新能源究竟是个什么量级的产业。

我们来看和新能源联系最紧密的几个行业。先说说汽车行业。2022年，中国汽车制造业的营业收入接近9.3万亿元。按照现在的趋势，再过5年左右，新能源汽车的市场占有率就能达到所有汽车的一半。再考虑到大盘的增长，5年后，新能源汽车的营业收入大概会在5万亿元。

再来看看发电。这个行业和新能源的关系也越来越紧密。2022年，中国500强企业中排名第一的是国家电网，全年营业收入3.57万亿元。从结构来看，全国耗电量中60%是工业用电，如果以后工业用电能够有一半用新能源的话，那就是1万亿元的量级。

这样简单地一算，新能源产业最大的两个部分，每年将有6万亿元左右的营收。说多不多，说少不少。可别忘了，这还没有考虑对应的投资。我们要花钱升级设备，做研发，还要花钱建立上下游产业链。因此，比起营收，新能源产业的投资支出可能只多不少。

远的不说，就看跟发电直接相关的光伏行业：2022 年的总产值就达到了 1.4 万亿元，比新能源发电带来的营收要多得多。除了光伏，还有储能设备，还有更适合新能源发电的配送系统，还有上下游原材料的保供，更别说研发费用了。

所以，我的基本判断是：很可能用不了多久，新能源产业就是一盘每年 10 万亿元的生意。

这个产业的影响力将超越产业本身。我们需要更多地从宏观角度关注新能源，就像当年我们关注房地产和互联网一样，这样才能找到新的大趋势。

# 1.7

## 石拐

在包头的九个旗县区里，石拐是最不起眼的一个。昆都仑区是包钢的所在地，包头的老工业区。青山区原来有两个重要的军工企业——一机厂和二机厂，最近两年又有弘元、晶澳、阿特斯等一批光伏企业入驻，成了包头的新工业区。九原区历史最悠久，秦朝就有九原郡，吕布就是九原人。还有几个旗县区在大青山的北边，它们各有特色——土默特右旗有农牧业，固阳县有大块的土地，白云鄂博矿区有铁矿和稀土矿，但石拐什么都没有。

也不能说什么都没有。石拐也有煤矿，但后来不让开采了。有煤矿的时候就有人气，不让开采之后，人就陆续都搬迁了。石拐成了内蒙古自治区各旗县区人口负增长的第一家。在大山深处，只剩下废弃不用的火车站、医院、工人俱乐部。有个电影导演一眼看中了这个地方：在中国很难找到这么老、这么旧的房子，拍个老电影，现成的布景。石拐的新区建在离市区最近的地方，距离市中心车程不过十五分钟，但新区也聚不起人气。从地图上看，新区就像是在一片树叶的边缘，再往里走，就是绵延不绝的群山，车开进去，半天都拐不出来。说起来，谁也不会相信，石拐当年也有过辉煌的时候。有煤的时候就有钱。20世纪80年代，包头财政紧张，政府曾向石拐的一个村集体借过钱。

俱往矣。**决定命运的不是微观的努力，而是宏观的大势。**大潮退去，时运变迁。衰败之后，想要重新振兴吗？当然想了。但人不可能拔着自己的头发往高处升，要是能重新崛起，一定是因为借助了新的外部机会。新的外部机会能让人摆脱原来的束缚，恢复失去已久的信心，命运由此改变。但是，机会总是稍纵即逝的。

一家专做风力发电的企业，明阳集团，要来包头投资。石拐区委书记盖连玉眼睛一亮，他知道石拐的机会来了。

明阳集团是中国最大的民营风力发电机制造商，在2023年全球新能源企业五百强中位居第三十三位。他们总部位于广东省中山市，想在内蒙古西部建立一个庞大的生产基地。这么大的项目，包头每个区都想争取。盖书记当然知道，他看得清清楚楚。青山区委书记丁凯和明阳项目的负责人吃饭，前脚刚走，盖书记这边就收到了情报。知己知彼，百战不殆。别的区有别的区的优势：老区家底厚，新区地理位置好，郊区有地。这些石拐都比不了，但石拐也有优势。明阳生产的是风力发电机，风车的叶片越做越大，风轮直径从 77 米、87 米、94 米、106 米、120 米到 150 米，甚至还有超过 200 米的。这么大的庞然大物，生产得出来，但怎么运出去呢？尤其是，怎么经过喧闹拥挤的市区往外运呢？到石拐来吧，这里不经过市区，直接上高速公路，方便很多。

盖书记掂量再三，觉得有戏。他天天去找包头市市长张锐，把他堵在办公室里，让他同意由石拐承接这个项目。

张市长问："你能行吗？"

盖书记拍着胸脯说："能行。"

张市长问："明阳的项目需要很大一块地，你有地吗？"

盖书记说："准备好了，我新建的开发区有 3900 亩地，我拿出 2000 亩，总行了吧？不够？不够我再加，豁出去了。"

市长问："还要有钱做配套的基础设施建设，你有钱吗？"

盖书记真的没钱，石拐区很穷，还欠了一屁股债，但他早就在心里算了很多遍账。虽然要吐血，但这个投资值得。他像竹筒倒豆子一样，把自己的想法和盘托出："我这边要投五六个亿，明阳计划做到 200 亿元产值。200 亿元产值，利税它就要交 5 亿。好，我就算它能做到 100 亿元产值，那大概 3 亿元税收。3 亿元税收，有 30% 的留成，我们就有 1 亿元。我五六年之后就赚回来了。不仅赚回来了，我还赚了个完整的产业链，上下游企业都跟着过来了。不仅产业起来了，我的城区也活跃了。有工厂就得有人，公共服务设施跟着就起来了。"

张市长被他缠得没办法："行行行，那就给石拐吧。"

别的区再来找张市长，张市长说："我已经答应石拐了。这个项目，石拐不说不干，你们谁也别打主意干。"

这话传到盖书记的耳朵里，他感觉压力更大了。

他把全区干部都叫过来，发起了动员令。他的动员令是：砸锅卖铁、脱皮掉肉、争分夺秒。钱的支持上要砸锅卖铁，人员支持上要脱皮掉肉，时间上要争分夺秒。盖书记觉得还没讲透，他不念稿子了，用眼睛扫了一遍在场的干部，提高声调说："什么叫服务好了？就一个标准，你问下自己，有没有觉得像个三孙子的时候？觉得做得够好了，人家还不满意？觉得委屈得不得了？有，那就对了。你连当三孙子的感受都没有，就别跟我扯什么服务到位了！"

我知道各地的干部为了招商引资都很拼，但没想到他们能这么拼。我在采访本上记下盖书记的话，反复琢磨，觉得意味深长。假如有了这样的胸怀，还有什么难事做不成呢？天下万事，不都是如此吗？比如，干部服务好群众，企业服务好客户，想做好公益活动，甚至，想要教好书，不都是这个理儿？

明阳项目的负责人来考察，盖书记跟他们说："别的区条件当然比我们好，但他们项目多，客人多了，招待不过来啊。我这里不一样。你是我十年来引进的最大的项目，我就你这一个大客户，当然会把你像菩萨一样供起来。"

明阳的项目负责人居然被说服了。

我去明阳的生产基地参观时，他们还在施工。那个条件真叫差。进入生产基地的道路还没有完工，我们坐的商务车在坑坑洼洼的土路上左拐右拐，扬起一路灰尘。路边是满眼的荒凉。没有村庄，只有零星的坟头。稀稀拉拉的树，又矮又秃，个头还比不上旁边歪歪斜斜的电线杆。只能看见一栋比较像样的青灰色小楼，那不是明阳的，是旁边的廉政基地，被"双规"的干部在这里反省，接受审查。我不由地想，一年前，明阳入驻的时候，这个园区是什么样子？

当时，明阳集团的董事长张传卫过来视察，看到这片地，他眉头皱了起来，不满地问两位项目负责人："你们怎么找了这么一块地？"两个属下交换了一下眼神，加快脚步，赶上领导，凑过去轻声说："您放心，我们都考察过了，这里的投资环境其实是最好的。"

盖书记在后面听到了，心里偷偷地乐。

进入明阳集团的生产基地，就大不一样了。你会觉得就像格列佛走进了大人国，一切都大得出奇，而自己是那么渺小。空中有巨人般的悬臂吊。车间里，一截一截的塔筒等着组装，组装后的塔筒，也就是风车的"树干"，能有上百米高，相当于30多层的高层建筑。齿轮箱加上发电机，有 120 吨重。一架大型客机，比如空中客车 A330-200，在不载客、不加燃油的情况下，净重也就是 120 吨。一组一组轴承，像科幻电影里的飞船船舱。风车组装用到的螺栓都是巨型的，每颗长 40 厘米、重 10 千克。你可以拿螺栓当健身的哑铃。已经制作好的叶片在车间里摆不下，放在室外的广场上。长达 90 多米的叶片呈流线体造型，比最长的商用客机波音 747-8 机身还长。最大的鲸鱼，也就是蓝鲸，跟它一比，变成了小动物——越南经济站在中国经济的身边，大概就是这么一种感觉。

在车间里能看到正在制作的叶片。这么大的叶片，制作工艺居然很像造一艘小船。在模具里倒出来一个雏形，然后一层一层地铺玻璃纤维，玻璃纤维很像编织袋用的"布"。就是这样的"布"，要铺一百四五十层，厚度能达到 12 厘米。这是外壳。里面的填充物是巴沙木，这是世界上最轻的木头，重量只有同体积的水的十分之一。这种木头是从厄瓜多尔进口的。厄瓜多尔是它的主产地。中国的风力发电规模不断壮大，巴沙木的价格也水涨船高。一度，巴沙木成了紧俏货，都得抢着买。距离中国 1.5 万公里的厄瓜多尔，稀里糊涂就跟着发财了。

石拐的故事提醒我思考一个问题：如果机会只有一次，而且稍纵即逝，那该怎么办？

乍看起来，最好的办法是赶紧出发，主动去寻找机会，但这种做法很可能不会成功。如果不是明阳自己想到大西北投资，而是石拐跑到广东招商引资，石拐能把明阳说动心吗？应该很难。稍纵即逝的机会不可能待在一个地方等着你去找它。如果你刻意去找，它反而会跟你捉迷藏，让你找不到。如果你把全部精力都放在找机会上，那你可能会失去根据地，就得不偿失了。

可是，要是不出去找，机会怎么会自己上门呢？有时候，你可能就是要等机会上门。我把这种策略叫作"新守株待兔"。

因为这一次不一样，这一次来的不是一只兔子，而是一场动物大迁徙。上百万头野牛要经过此地，这将是一次绝好的狩猎机会。你知道它们一定会来，但不知道它们什么时候来。要是出门去追，野牛群行踪不定，你可能会把它们追丢。

倒不如守株待兔。守株，是先占据对方必经之路上的战略要地。待兔，是要做好充分的准备。要装网，挖陷阱，准备弓箭，设置路障，训练猎狗，准备屠宰，准备盆盆罐罐。一边做这些准备工作，一边保持警觉，派人去山顶放哨，听风里的味道，趴在地上听远处的蹄声。

这场即将到来的动物大迁徙，就是我们一直在讲的新技术革命。我们所说的"新守株待兔"，就是说要守住自己的阵地。新技术归根到底是要找到应用场景的，应用场景越多，技术越能生根发芽。重大的技术创新会到处寻找应用场景。你可能发现，它会自动找上门。基于这样的判断，**对不在技术前沿的企业和个人来说，最好的策略不是改行，放弃已有的阵地，而是坚守自己，同时准备迎接新的变化。**

# 1.8

## 为什么信心如此重要

沈晞可能成功，也可能不成功；石拐可能成功，也可能不成功。这些努力都还在微观的范畴里。沈晞不成功，别的创业者会成功；石拐不成功，别的区会成功。但是，新能源产业能不能成为新的主导产业，中国经济能不能实现高速增长，这就进入了宏观范畴。宏观范畴和微观范畴最大的不同在于：在宏观世界里，同一件事情，有可能成功，也有可能不成功。你越相信它，它成功的概率就越大；你越不相信它，它成功的概率就越小。

大家都相信新能源是未来的主导产业，就有更强的意愿投资，钱多，人多，技术创新更快，成本下降得更快，于是，新能源就能找到更多的应用场景。应用场景更多，又会引起更多的创新、更广的扩散。新能源产业成为主导产业就指日可待。大家都相信中国经济会高速增长，对未来都充满信心。有了信心，企业愿意多投资，居民愿意多消费，于是，总需求就会增加。总需求增加，企业生产的产品能卖掉，工人能挣到钱，总收入就增加，于是，投资和消费又会进一步增加。美好生活就能如愿以偿。

可是，并非只有这一种玫瑰色的结果。事情的发展完全可能走向另一个方向。如果大家都不相信新能源，就不愿意投资。没有投资，新能源产业将逐渐销声匿迹。如果大家都觉得中国经济前景黯淡，企业不愿意投资，居民不愿意消费，于是，总需求就会下降。总需求下降，企业生产的产品卖不掉，人们挣不到钱，总收入就下降，于是，投资和消费又会进一步下降……

就像爱丽丝进入奇幻世界之后发现，一切都变得不可思议，在你进入宏观世界之后，你也会发现，一切都变得不可思议：一个人相信的不是真理，所有人都相信的才是真理。真理是不以少数人意志为转移的。真理不是固定不变的，而是可以被塑造的。如果所有人都相信，海市蜃楼就真的能变成巍峨大厦。如果所有人都不信，巍峨大厦也会瞬间化为海市蜃楼。你相信什么，什么就能变成真的。

问题在于，你很难说服人们。

不信，你可以试试。英国经济学家约翰·梅纳德·凯恩斯就试过。1931 年，世界经济正处于一场前所未有的大萧条之中，人们的信心降到了冰点。英国广播公司（BBC）邀请凯恩斯去做个节目，跟大家讲讲经济形势。

凯恩斯是个好的经济学家，但他不是个好的心理学家。他直接批评听众：你们都做错了。凯恩斯说："我能够猜到的是，每当你省下 5 先令的时候，你就让一个工人失业了一天……另一方面，每当你买东西的时候，你就增加了就业。当然，如果你想增加本国的就业，就必须买在英国本土生产的产品。"[13]

批评完听众，凯恩斯转而用一种夸张的亢奋语气说："所以，爱国的家庭主妇们，明天一早就出击吧。大街上到处都是优惠促销的广告，去享受购物吧。"

我真的替凯恩斯捏了一把汗。幸亏那个时候没有互联网，不然他一定会被网上的骂声喷成筛子的。就算在当时，也没有人听凯恩斯的——不对，有一个人听他的。他的太太，来自俄罗斯的舞蹈演员莉迪亚，上街去买了一块昂贵的地毯。

凯恩斯的失误在于，他想直接向每一个微观主体喊话，他想让每一个微观主体同时改变自己的行为，这听起来就像号召地球上所有的人在同一时间一起朝上跳，认为这样就能改变地球的运行轨道一样不靠谱。在经济低迷时期，人们本来就担心钱不够花，你却劝他们要多花钱。怎么多花？钱从哪里来？你给我钱吗？凯恩斯的聪明建议，听起来真是愚蠢极了。

为了把这件事讲得再清楚一些，让我们做个思想试验。这个试验最早源自法国思想家卢梭的《论人类不平等的起源和基础》。设想原始部落里有两个猎人出去打猎。出发的时候，他们说好了要一起打一头鹿。那时的弓箭水平还不发达，不可能在远处射一箭就把鹿放倒，他们需要合作。一个猎人先找个地方埋伏起来，另一个猎人在后面追，把鹿朝埋伏的地方赶。鹿挨得近了，埋伏起来的猎人一跃而起，射出致命的一箭，两人就可以高高兴兴地扛着猎物回家了。[14]

不过，这当然是有风险的，要是追鹿的那位兄弟把鹿追丢了，或是埋伏起来的那位兄弟一箭射歪了呢？更麻烦的是，要是两人失去了合作的信心，都要自己单干呢？单干当然打不到鹿，但可以打到兔子。只要找个合适的地方，用树枝和麻绳做一个吊脚套，每个猎人凭自己的努力都能逮到兔子。虽然兔子没有鹿肉多，猎人可能有了上顿没下顿，但这么干看起来更保险。

这就是经济学中的猎人困境。猎人困境和你熟悉的囚徒困境不一样。在囚徒困境里，只有一个均衡解。在猎人困境里，有两个均衡解。如果别人选择打鹿，那你的最优选择也是打鹿。如果别人选择打兔子，那你的最优选择也是打兔子。[15]

既然有两种均衡，有没有可能选择更好的一种呢？也就是说，怎样才能让两个猎人都选择打鹿，而不是打兔子呢？

这就要借用经济学里的另一个理论：信号传递。信号传递说的是，你知道自己，别人不知道你，这是一种信息不对称。但你很想让别人知道你，这样他们才愿意跟你合作。要想把自己的信号传递出去，让别人相信你，有一个窍门：你必须放大招。大招看起来用力过猛，其实恰到好处。

就连孔雀和羚羊都知道这个道理。雄孔雀拖着硕大的尾巴，公羚羊长着硕大的犄角，看起来都很过分，但都是非常有必要的，它们要放大招。拖着硕大尾巴的雄孔雀其实是在向雌孔雀喊话："虽然我的尾巴这么笨重，但天敌来了，我一样能躲开——我的基因才是最棒的。"长着硕大犄角的公羚羊其实是在向母羚羊喊话："虽然我的犄角这么笨重，但天敌来了，我一样能躲开——我的基因才是最棒的。"

之所以要放大招，是因为噪音太多，不把自己的音量调大，就盖不过喧闹的噪音。既然要把音量调大，不如直接调到最大。

我们用这个思路，来想想看该怎么走出猎人困境。比如，我们可以在猎人出发前搞一个猎鹿仪式。把部落里的巫师请来，让他为出征的勇士祝福。把妇女和孩子都叫过来，让他们为猎人们助威。现在，所有的孩子都知道爸爸出去是要猎鹿的。要是带了一只兔子回来，爸爸会在孩子面前害臊得抬不起头。族长也来了，他宣布，要是捕到了鹿，就举行盛大的宴会，打到鹿的猎人将坐在上座，接受大家的祝酒。

从表面上看，举行仪式、举办宴会，都是铺张浪费的行为，额外增加了不少成本，而且并不会对提高打猎的效率有直接帮助；但这能改变人们的预期，仪式也好，宴会也好，都是放大器，能够把合作的声音放到最大，压过所有的噪音，把信号明白无误地传达出去。

说了这么多，还是为了解释宏观经济。宏观经济政策也是一样的道理。不是说宏观政策一定要适度。有时候，看似过度，实则适度。你要看懂背后的玄机：这些政策的作用是喊话。当经济低迷的时候，所有人都在等待大招，只有大招才能传递出明确无误的信号。就像战场上的士兵，所有人都在枕戈待旦，等待号令。有了号令，才能冲锋。

总结一下：

你知道，宏观不是微观的加总。你是怎么想的，你觉得未来的前景乐观还是悲观并不重要，重要的是别人怎么想。经济前景从本质上是自我实现的预言，只要有信心，很容易实现繁荣——只要基本盘还在，只要基本盘还健康。

但你也知道，你是微观主体，你决定不了宏观。所以，你需要等待的是大招。看见放大招，就跟着干。没有放大招，就等等看。该卧倒的时候卧倒，该匍匐前进的时候匍匐前进，该冲锋的时候冲锋，你得跟着宏观大势走。

你还知道，你是一个知道宏观不是微观加总的微观主体。你总能通过学习宏观获得一点收获。你从宏观学到的是，为了赢得别人的信心，必要的时候就得放大招。沈晞要跑得比别人快，弘元要做得规模比别人大，石拐的干部要服务到"当三孙子"的地步。不是比别人好一点点就行，而是要比别人好很多。不出手则已，一出手就要竭尽全力。

这就是我们越来越卷的原因。

卷吧。没有卷就没有进步。卷，使我们快乐。

# 注　释

1　GWh，1 吉瓦时 =1000000 千瓦时，相当于 1000000 度电。

2　指股权投资的资金募集、投资决策与实施、投后管理、资本退出四个阶段。

3　Simon Price, Peter Thonemann, *The Birth of Classical Europe: A History from Troy to Augustine,* Penguin Books, 2011.

4　［美］丹尼尔·贝尔：《资本主义文化矛盾》，赵一凡、蒲隆等译，生活·读书·新知三联书店 1989 年版。

5　Benjamin M. Friedman, *The Moral Consequences of Economic Growth,* Vintage, 2006.

6　指市场上货币周转流通的数量。

7　人民网内蒙古频道：《2023 年中国硅业大会在包头开幕》，http://nm.people.com.cn/n2/2023/0912/c196689-40568004.html，2023 年 9 月 26 日访问。

8　引自［宋］苏轼《往富阳、新城，李节推先行三日，留风水洞见待》，意指这里不能没有我的一席之地。

9　数据源自上海有色网、东方证券研究所。

10　综合开发研究院：《产能过剩"内卷"严重，欧美打压竞争逼来，中国光伏如何继续领跑世界？》，http://www.cdi.com.cn/Article/Detail/19254，2023 年 9 月 28 日访问。

11　美国人工智能研究公司 OpenAI 研发的一款聊天机器人程序，是人工智能技术驱动的自然语言处理工具。

12　Jamshid Sourati, James A. Evans, Accelerating Science with Human-Aware Artificial Intelligence, *Nature Human Behavior,* 7(2023).

13　John Maynard Keynes, The Problem of Unemployment II. 该演讲稿先被收入 *The Listener*，后改题目为 Saving and Spending，收于凯恩斯的个人文集 *Essays in Persuasion*。

14　［法］卢梭：《论人类不平等的起源和基础》，李常山译，商务印书馆 1997 年版。

15　关于经济学里的猎鹿博弈，可参见 Brian Skyrms, The Stag Hunt, https://sites.socsci.uci.edu/~bskyrms/bio/papers/StagHunt.pdf。

# 2

## 通胀和养猪场

## 2.1

### 老徐

一辆白色的北京吉普。椅子坐垫是深红色的，看得出来脏，看不出来到底有多脏。副驾驶座的靠背斜斜地朝后放倒。坐副驾驶座的人，习惯了在漫长、颠簸的旅途中昏昏沉沉地眯觉。靠近挡风玻璃，在仪表盘的上面放着一件廉价的装饰品：一只鹿，鹿的头上顶着一只苹果，意思是"路上平安"。但我猜不出来，为什么苹果里面还有一只鸡？这个装饰品的设计者，深谙在中国最广大的基层市场做销售的秘诀：便宜、实惠、形象、通俗、普适，还要再带一点点神秘色彩。

老曲开车，老徐坐车。老曲是本地人，家在山东海阳。老徐是外地人，老家四川阆中，来山东已经二十多年了。老徐是老曲的领导，说是领导，其实都是伙计。他们在一个服务组，负责青岛、威海、烟台、潍坊和淄博一带的猪饲料销售。老徐一看就是常年在外跑的人，脸色黧黑，满是皱纹；眼窝深陷，眼睛布满血丝。鬓角星白，牙齿发黑，手指发黄。他抽烟很凶，一根接一根。

老徐不贪酒，但没事也爱小酌两杯。他酒量很好。

这辆北京吉普每天都在路上奔波。老徐和老曲要一家家拜访客户。他们的客户大多是中小养殖户。里程表上显示，这辆车已经开了200083公里。老曲左手扶着方向盘，右手放在大腿上，盘着一串手串。他问老徐："你说这车能卖多少钱？能卖两三万吗？"

老徐不屑地说："两三万就别想了，能卖5000块就不错。"

老曲不服气地说："可这车保养得多好啊，就是跑的里程太多了。"

生意越来越不好做了。老徐说，过去拜访二十个客户就能成一个，现在拜访五十个，都不一定能成一个。养殖户都是农民。农民说淳朴也淳朴，不会提无理的要求，你跟他们说几句暖心话，他们就把你当自家人；但农民说精明也精明，你卖的饲料价格比别家贵，他们转身就去买别家的。你糊弄不了农民。

中国每年要吃掉7亿头猪。一头猪从小养到大，假设养到250斤后出栏，需要消耗大概700斤饲料。粗算下来，中国每年需要提供大约2亿吨猪饲料。大多数饲料是由饲料生产企业提供的。2022年，中国的猪饲料产量达1.36亿吨，占全国工业饲料产量的45%，比其他饲料产品都高。[1] 这是一个规模庞大的市场，但几乎赚不到钱。

赚不到钱的一个重要原因是成本上涨。中国的猪饲料通常主要由 20% 左右的豆粕和 70%—75% 的玉米构成。豆粕是大豆提取豆油后得到的一种副产品。而中国有 70% 的大豆依赖进口。与此同时，过去几年，玉米进口比例也连年上升，已占 10% 左右，其中近 30% 来自乌克兰。2022 年 2 月 24 日，俄乌冲突爆发，玉米、豆粕价格应声而涨。在一个各国相互依存的世界里，火箭、无人机、地雷和红烧肉，被一条战争的红线拴在一起。

赚不到钱的另一个原因是行业内卷。饲料生产企业普遍产能过剩。大的养猪场纷纷自建饲料厂，不从外面买饲料了。有的养殖企业采用"公司加农户"模式，也就是大公司下面联合了很多养殖户，大公司也会给自己的养殖户提供饲料。过去都是一袋袋饲料卖。现在，有了自动喂料设备，很多养殖场改用散装料，饲料直接从厂里一车车拉走——这么一来，就不需要饲料销售这道中间环节了。

行业内兼并重组，暗流涌动。饲料厂建养猪场，养猪场建饲料厂，而房地产企业同时涉足饲料和养猪行业。老徐和老曲原来在环山集团，一家山东的饲料公司。2021 年，万科全资收购环山集团，老徐和老曲现在成了万科的员工。

环山和万科有什么不一样？万科管得更严，规矩更多。

老徐平时总是很和善，满脸堆笑，一笑眼睛就眯成了缝，但一工作就容易暴躁。他经常会在车上接电话，同时在手机上不停地点，一步步走公司内部流程。

当然，赚不到钱最重要的原因是猪肉价格不涨了。猪肉价格上涨的时候饲料好卖，农民舍得花钱买更优质的饲料。现在，猪肉价格跌了，农民没钱了，买饲料的时候管它好赖，能把猪养活就不错。

车子从高速公路下到乡间公路，从乡间公路开上土路，停到了几间平房门口。这是一家客户的养猪场。远处就是村庄。虽然有阳光，但风还是很冷。

进去之前，老徐先要抽一根。

老曲问："老徐，你的体检结果出来了吗？我都不知道，体检的时候，大夫才跟我说，你的肺发白了。都是新冠。我血脂、血糖、血压都高哩。有几个伙计查出来前列腺钙化。哎，老徐，你有前列腺钙化吗？"

老徐说："走，该进去了。"

你永远不知道客户对什么感兴趣。这家客户刚从泰国回来，最感兴趣的话题是泰国的夜总会。男人们听到这个话题都起哄，气氛非常活跃。客户认真地辩解："那是公开场合，那么多人，怎么可能干坏事呢？！"他转头朝向我："何老师见过世面。何老师你说是不是？"

下一个客户说起了一起刚发生的车祸。村里有个年轻人，夜里开着三轮车上了公路，三轮车没有车灯，又是逆行，被一辆大卡车迎面撞上，年轻人当场丧命。一屋子人唏嘘不已。客户突然说："有一种说法，人生70%是为别人活，只有30%是为自己活。老徐，你说说，是这个理儿吗？"——一堂由车祸引起的人生哲学课。

房间里都是烟雾。老曲端详着手指间的香烟说："还是得抽中华。耐抽。一根烟抽的时间更久。"

他问老徐："你说，那些最有钱的人都抽什么烟？"

老徐一直心不在焉，在想自己的心事。听到这话，老徐忽然来气了，提高声音，瓮声瓮气地说："你搞错了。有身份有地位的人，既不抽烟也不喝酒，他们惜命。不像我们。我们是在拿烟拿酒换命。"

他又说："不行，我要戒烟了。"

老曲说："你行吗？你抽得那么凶，说戒就戒得了？"

老徐说："我每天少抽一根，一个月之内戒掉。"

说完，他狠狠地抽了一口，把剩下半截香烟掐灭。

# 2.2

## 中国有没有出现通货紧缩

我之所以要跟着老徐去看养猪场，是因为在过去十几年，中国经济出现了一种很奇特的现象：猪肉价格和通货膨胀同起同落，如影随形。以至于人们开玩笑，把衡量通货膨胀的一个重要宏观经济指标 CPI（Consumer Price Index，消费价格指数）说成"China Pork Index"（猪肉价格指数，缩写也是 CPI）。

但那已经是过去了。如今，猪肉价格指数不涨了，消费价格指数也不涨了。到底发生了什么？对中国经济来说，这些变化又意味着什么？

2018 年，一场突如其来的非洲猪瘟打乱了猪肉价格的行情周期。非洲猪瘟大约是在 2018 年 8 月传入中国，有 31 个省市自治区都发生过家猪和野猪疫情。非洲猪瘟病毒是一种极具传染性的病毒，目前还没有可用于预防和治疗的疫苗。猪一旦被感染，很快就会发病。病猪先是高烧，皮肤发红、泛紫，有分泌物从眼、鼻流出，血性腹泻，然后在几天之内死掉，存活率几乎为零。成片成片的猪栏被迫清空。在最初的恐慌阶段，山坡上、道路旁、田野里、河流边，到处都是被抛弃的死猪。政府安排地方动物防疫机构组织养殖户进行扑杀填埋，每头病猪的防疫补贴从之前的800元升至1200元，提高了50%。但填埋的成本还是很高，因为需要挖2米的深坑，还要铺上1.6厘米厚的石灰或消毒药。后来，各地陆续建成无害化处理厂，将病猪通过电加热高温发酵，做成有机肥料，拉到果园里给果树施肥。

非洲猪瘟之于养猪业，犹如新冠疫情之于中国经济——它不是一场普通的传染病，它是人们口中的那场"疫情"。老徐的公司请了一位业界专家来给大家讲未来形势。专家说，我也搞不懂，全乱套了。非洲猪瘟之前、非洲猪瘟之后，就像公元前和公元后，这场疫情是时间的分水岭，把养猪行业分成了两个历史时代。

非洲猪瘟之前也有行情周期，涨久必跌，跌久必涨。不必慌张，耐心等待就行。非洲猪瘟之后，猪肉价格的涨跌变得惊心动魄。2019年的关键词是恐慌：散养户损失惨重，纷纷离场，大型养殖场趁机扩大规模，猪肉价格在深跌之后暴涨。消费者也蒙了：很多年没有见过这么贵的猪肉了。2020年的关键词是震荡：年初，猪肉价格还在高位，过完春节，就出现踩踏性下跌，下跌幅度达到约30%。5月触底反弹，但到9月份天气转凉，新冠疫情二次爆发风险加大，猪肉价格再度回落。11月后，临近年关，市场需求回升，猪肉价格随之上涨。2021年的关键词是下探：这一年的猪肉价格从年初的高位一路下行。2022年的关键词是受挫：这一年的猪肉价格先是上涨，然后是快速上涨。很多养殖户被胜利冲昏了头脑，觉得猪肉价格还会重回2019年和2020年的高位。卖吗？不卖，等着吧，还要再涨。没想到，到了10月底，咣当一下，猪肉价格猛地下跌。到了要过年的时候，猪肉价格依然不涨。

从那之后，有将近一年的时间，猪肉价格始终在低位徘徊。等啊等，等啊等，等得心焦，等得纳闷，等到麻木，猪肉价格还是不涨。

猪肉价格不涨，别的价格也不涨。居民消费支出中占比重最大的一项是汽车消费。2023年，一场汽车行业的价格战硝烟弥漫。首先是新能源汽车之间的价格竞争。2023年1月，特斯拉扔出第一颗炸弹，旗下Model 3和Model Y降价2万—4.8万元。比亚迪不甘示弱，马上宣布秦PLUS上市，入门版低至10万元以内，实现"油电同价"。进入3月，东风汽车集团旗下包括东风日产、岚图、东风标致、东风雪铁龙等7个汽车品牌、56款车型"限时促销"，最高降价9万元。随后，近40家车企陆续跟进，价格战在燃油车阵营也引爆了。[2]

所有的车企都降价，和所有的车企都不降价，效果是一样的——甚至效果更糟，因为买车的人会更愿意再等等，说不定以后买更便宜。这是一种典型的囚徒困境。车企们也不是不知道。7
月6日，16家中国主流车企共同签署了中国汽车工业协会的《汽
车行业维护公平市场秩序承诺书》，承诺不以非正常价格扰乱市
场。不过，该承诺书部分涉及价格的条款涉嫌违反《中华人民共
和国反垄断法》，被中国汽车工业协会紧急声明删除。不出所料，
价格是降了，汽车销量却没有提升。一位经销商说，他的店里已
经一周没有人下订单了。2021年一天能卖出去四五台车，"现在
打台球才是店里的主业"，他调侃说。

汽车价格不涨，房价也不涨了。对中国人来说，这也是以
前没有见过的稀罕事。根据中国房地产指数系统百城价格指数，
2022年百城新建住宅价格累计下跌0.02%，自2014年后时隔7年
再次出现年度下跌。二手房价格也是一样。2022年百城二手房价
格累计下跌0.77%。单从价格变动来看，似乎幅度并不大，但再
看销量：根据国家统计局数据，2022年商品房销售面积比2021
年下降24.3%，是自1992年有统计数据以来的最大跌幅；商品房
销售额比2021年下降26.7%，重回2017年的水平。这说明卖房
的舍不得低价卖，买房的不愿意高价买，都在僵持、观望。还有
一组数据：2022年房地产新开工面积同比下跌39.4%，房地产开
发商融资同比下跌25.9%。同时，房地产投资同比下降10%，这
是自1998年有记录以来的首次下跌。[3]

2023 年，房地产市场依然低迷。虽然包括"认房不认贷"、放松"限购""限售"、降低首付比例和利率下限等在内的刺激政策陆续出台，但商品房销售市场仍持续下行，房屋新开工面积规模保持低位，房地产企业资金紧张的局面并未缓解。一个时代落幕了。经济生态系统跟过去大不一样了。房地产市场再也回不去了。

房价很特殊。CPI 里不包括房价。如果包括，CPI 就不是这样的 CPI 了。稍后我们就要讲到，为什么房价和别的价格不一样。房价还有个特殊之处：买涨不买跌。房价涨了大家发愁，房价不涨大家更发愁。多少人曾经指望靠房价上涨实现财富自由，如今没人敢这么想了，但总还是希望不要贬值啊，就指望这点财富到时候养老呢。房价不涨，地方政府就卖不动地。西部地区可能更多地依靠来自中央财政的转移支付，但越是发达的地方越靠土地财政。地方政府没有钱，很多基础设施建设和公共服务就捉襟见肘。都是连环套。

养猪的说，猪肉价格涨不上去，都是因为房地产不行。这都能怪到房地产头上？当然啦。谁吃猪肉最多？不是你们这些耍笔杆子的，是那些在工地上干体力活的。一天不吃肉，干活就没劲。别的都不行，只有猪肉管事。最受欢迎的是梅菜扣肉。你看看，现在工地上哪有人影啊。都没人了，猪肉也卖不动了。

如果只有猪肉价格下跌，那可以怪罪非洲猪瘟。如果只有汽车价格下跌，那可以说是行业内的淘汰赛。如果只有房价下跌，那可能是因为涨得太快了，要回调一下。但是，如果猪肉、汽车、房子，都不再涨价，甚至价格还要下跌，那就不再是微观信号，而是宏观信号了：这是一般价格水平的下降。

一般价格水平的上涨是通货膨胀，一般价格水平的下跌是通货紧缩。我们过去关注通货膨胀更多。谁都知道，通货膨胀很麻烦，因为钱不值钱了。但是，通货紧缩更麻烦。因为在爱丽丝的宏观世界里，信心为王——没人在通货紧缩的时候还能有信心。居民看见物价下跌，会推迟消费。厂商看见价格下跌，会推迟投资。消费和投资都下降，总需求就下降。总需求下降，导致产出下降。没有那么多的产出，就没有那么多的就业机会，于是，失业率上升。

这还没完。如果你是个投资者，在通货紧缩时代，你会更无所适从。在通货膨胀时代，你知道要做投资，比如买房子、买股票。运气好的话，你就能跑赢通货膨胀。但到了通货紧缩时代，房价会跌，股价会跌，投资的风险更高。与其冒险投资，不如持有现金。问题在于，现金不会带来任何利息收入。你经常会听到一句忠告："现金为王"——你可以持有现金试试：拿着现金，你会心慌，根本体验不到当王的感觉，只会觉得自己在流亡。

这还没完。通货紧缩还会导致债务增加。通货膨胀对债务人有利，因为它在无形中稀释了债务压力，债务人还钱的负担没有当初借的时候那么重。通货紧缩恰好相反，债务人还钱的负担比当初借的时候更重了。这债务就像一座山压得人抬不起头。

这还没完。借钱的时候通常要有抵押品，而抵押品是按照市场价格估值的。通货紧缩的时候，抵押品价格下跌，不值钱了，能借到的钱就更少，而这正是最需要借钱的时候。屋漏偏逢连雨天。这就是著名经济学家费雪所说的"债务通缩"。[4] 你会注意到，出现通货紧缩的时候，最关键的不是一般物价水平的下跌，而是资产价格的下跌，也就是房价、股票价格的下跌。资产价格下跌比一般物价水平下跌更危险，因为这将导致居民财富缩水，并进一步影响私人部门的债务水平。[5] 遗憾的是，宏观经济学还没有充分意识到这一风险，宏观决策者常常觉得资产价格有涨有跌，听其自然就行。

我们之所以更多地关注通货膨胀而不是通货紧缩，是因为20世纪以来，通货膨胀是一种更常见的经济现象。19世纪没有通货膨胀，那是国际金本位[6]的时代。有人很怀念那个时代，但那个时代更容易出现通货紧缩。毕竟，那时候，宏观经济政策还没有出现，各国政府无法用自主的宏观经济政策调控本国经济波动。

这种自由放任的模式最终让资本主义世界付出了沉重的代价。那是一次最严重的通货紧缩，也就是20世纪20年代末爆发的大萧条。从1929年夏天到1933年年初，美国的批发价格指数下跌

33%，失业率飙升至 20% 以上。从某种意义上说，现代宏观经济学的缘起，就是为了避免再一次出现这样的通货紧缩。

就算到了 20 世纪下半叶，也不是就没有通货紧缩了。仿佛是为了让中国看得更真切，20 世纪下半叶最经典的一次通货紧缩就发生在我们的邻国日本。20 世纪 90 年代初，日本经历了房价和股价的暴跌，从此进入了失去的 10 年，然后是失去的 20 年，失去的 30 年……事实上，从 1998 年开始，除了少数年份，日本的 CPI 不是零，就是负。这是一个前车之鉴：日本经济眼看着就要登上山顶了，结果却突然止步不前。与此同时，别人还在向上攀登，止步不前就意味着倒退。

说了这么多，还是要回到中国经济。那么，中国现在是通货紧缩吗？

且慢下结论，让我们再细细掰扯掰扯。按照定义，通货紧缩需要满足三个标准：一是物价下跌，二是经济增速下降，三是货币供应量减少。

为什么要搞这么复杂呢？我们之所以关注通货紧缩，是因为它会带来一系列的经济风险。但是，通货紧缩的原因很复杂，只看表面现象，无法判断它是不是真的会带来风险。

如果只是一般物价水平下降，那可能是因为总供给增加了。比如，我们找到了一种更高效、便宜的新能源，取之不尽，用之不竭，从此摆脱了对煤炭和石油的依赖；再比如，我们发现了一块新大陆，那里有十几亿勤劳善良的人，愿意天天加班加点，以低廉的工资生产各种各样的产品。这样的通货紧缩不仅不会带来经济风险，而且是受人欢迎的，因为它提高了实际购买力。所以，必须再澄清一下，我们关心的只是由总需求不足，而不是由总供给过剩引起的通货紧缩。

如果物价下降，经济增速也下降，那就是总需求下降了。既然如此，就用这两条标准来判断是否出现了通货紧缩，还不行吗？为什么还要再加一条，要考虑货币供应量的下降呢？这是因为，严格而论，有两种导致总需求不足的原因：一种是人们信心不足，担心未来会失业，或是收入下降，所以只想储蓄不想消费；另一种是央行采取了紧缩的货币政策，比如提高利率，储蓄就会更加有利可图，于是人们也会增加储蓄，减少消费。

所以，增加这一条标准是为了更好地找出通货紧缩的根源。如果货币供给量下降，那责任就好找了，这是紧缩的货币政策导致的通货紧缩。[7]

那么，如果一般物价水平下降、经济增速放慢，但货币供应量并没有减少呢？央行说，这不怪我，我已经做了该做的了。物价下跌，增速下降，都是因为别的。

是的，确实可能是因为别的。但我们来考虑一个类似的情况，比如，在新冠疫情期间，医院住进来一个病人，而你是医生。再好的医生也不可能治好所有的病人。那么，如果很不幸，这个病人死了，请问他是不是因为新冠而死的呢？

严格来说，这需要区分。如果病人住进来的时候就有基础病，比如他原来有心脏病，甚至得了肿瘤，新冠引起原有的病症恶化，结果去世了，就很难说他是因新冠而死，最多只能说他是"伴"新冠而死。只有那些没有别的病情，纯粹是因为感染了新冠病毒，病情不断加剧，终至不治而亡的人才是"因"新冠而死。

这当然很严格，但重要的是严格的统计定义，还是治病救人呢？

在我看来，重要的是方向，而不是定义。重申一下：对于宏观经济学来说，重要的是不要在重大的问题上犯方向性的错误。朝东走还是朝西走，这很重要。踩着滑板车走算不算走，这没那么重要。

所以，让我说明一下：本着严谨的精神，我支持对通货紧缩定义的三个标准。但如果我们不是为了给通货紧缩一个定义，而是只关心方向，那真正重要的问题就变成了：现在中国经济是朝着通货膨胀的方向，还是朝着通货紧缩的方向？

我觉得是通货紧缩。

有人不同意。

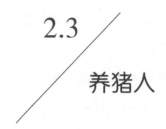

# 2.3

# 养猪人

　　山东即墨的江老板是养猪的，山东平度的陈老板也是养猪的。广西兴业的梁老板是养猪的，广西陆川的林老板也是养猪的。他们在人群中其貌不扬，看起来和其他人一模一样。他们的个人经历各不相同。他们讲着不同的方言，讲快了我都听不懂——这是做田野调查最痛苦的一点：明知道他们和我讲的是同一种语言，但听起来比听外语还费劲——在跳跃而散漫的交谈中，我慢慢地拼凑出了这群养猪人的共性。

　　他们干养猪在行，干别的也在行，但干别的没他们的机会。

　　江老板虽说是农村出身，但人家在村里是有地位的，干部子弟。江老板的父亲是村里最大的官——村支书。江老板说："别人都是搞经济的，我爸是搞思想的。"老爷子最热衷于响应政府号召。政府说让农民建大棚，老爷子就在村里建大棚。别的村民不愿意干，那就自己干。政府又号召搞养殖小区，养猪的别在自己家里养了，村口划出一块地，集中在一起养。村民都反对，还是只能自己干。刚撸起袖子，还没有弯下腰，SARS 爆发了。老爷子顾不上养猪，天天在村里村外站岗巡逻。和所有的好干部一样，老爷子对自己的孩子格外苛刻。他不仅不让自己的孩子占到好处，还要让他们多吃苦。

"架子车，你见过吧，何老师？"

"我小时候是在农村跟着奶奶长大的。架子车我见过。"

"我从小就拉架子车。一根皮带搭在肩膀上，拉起车，皮带就陷进肉里。架子车摇摇晃晃，特别不好把握方向。"

江老板走上养猪这条路，算是拜老爷子之赐。已经建好的养殖小区没人愿意干，江老板是去帮助老爷子收拾烂摊子的。

陈老板是个胖子，圆圆的脑袋，光秃秃的头顶。他有一种胖子特有的乐观和爽朗。陈老板早年是青岛一家国有企业的工人，在车间里开叉车。他装一车货只要半个小时，那些老工人还要一个多小时。工资还行，一个月能拿五千块，那时青岛的房价也就一平方米五六千。但是，企业里论资排辈，像他这样没有大学文凭的工人格外受歧视，连个班长都不给当。不就是个文凭吗？那时候花钱搞个文凭不算难。但陈老板想来想去，觉得不值。在这个工厂当工人，虽说有个铁饭碗，但以后呢？在青岛买套房，靠工资还贷，一还就得二十年。二十年以后，人老了，啥也干不了啦。一眼就能看到人生的灰暗尽头，太没劲了。

陈老板的父亲在村里养猪，小打小闹，也就养了十来头。不如我回家养猪吧。陈老板当年上职业学校，学的就是畜牧兽医。没上完学他就跑出去打工了。

陈老板走上养猪这条路，是兜兜转转、四处碰壁之后，又回到了最初的起点。


梁老板家里有八个兄弟姊妹。他十五岁的时候，父亲去世了。生活总是这样让人猝不及防。梁老板跟着乡亲出去打工，一走就是二十多年。小工、大工、包工头，他都干过。好容易熬到自己当包工头，能出去揽活了，梁老板警觉地发现，活儿不像以前那么多了。眼看着年纪渐长，不能老是在外漂泊，手上也攒了一些钱，还是回家养猪吧。

当包工头不易，养猪也不易。刚回乡养猪的时候，经验不足，养的猪总是生病，死了一窝，再补一窝，再补再死，再死再补。终于熬到行情大涨，梁老板赚了一大笔钱。随后，就进入了漫长的行情低迷期。梁老板说："亏是肯定亏的，还好，还亏得起。吃粥饿不死，就这么扛着吧。"

梁老板家的小楼是村里最气派的，位置也好，就在进村的第一户。他是乡里的致富能手，政府指望他能带领乡亲们发财致富。像他这样曾经走南闯北的人，没想过再折腾点别的事情干？

梁老板说："干不动了。哪里还要六十岁以上的民工呢？！"

梁老板走上养猪这条路，是因为别的路都被堵死了，只剩下这一条。

林老板家里的兄弟姊妹也有七八个。他和梁老板一样，十几岁就出门打工。和梁老板不一样的是，他之后回到家乡陆川，进了供销社，做销售。他的客户大多是跑运输的。

这是陆川的特色经济。当年，有一大批陆川人跑运输。全国各地都有陆川的货车。除了拉货，陆川人还干汽配。随便走进一家汽配店，就很有可能听到陆川的乡音。跑运输有过风光的时候，但很快就不赚钱了。林老板的一个客户跑运输赔了钱，还不上账，留给他一车猪饲料。饲料卖又卖不掉，林老板想，不如承包供销社的养猪场，自己养猪吧。

林老板走上养猪这条路，纯属买了双袜子之后就要买跟袜子搭配的衬衫，买了衬衫之后就要买跟衬衫搭配的衣柜。他是越陷越深，掉进坑里爬不出来的。

这年头，大有大的好处，小有小的好处，夹在中间的最难受。中国的养猪行业两极分化，这批中等规模的养殖户，就像风箱里的老鼠一样夹在中间。

一批大规模的养猪场悄然出现：牧原、正大、温氏、新希望、天邦、扬翔、大北农……这些大企业有融资的优势，它们大多已经上市，在资本市场上呼风唤雨。它们也有规模优势，采购成本更低，得到的政策支持更多。很多大企业在做多元化布局：从饲料、育种，到屠宰、加工，上下游产业联动，可以更好地对冲风险。大企业还有一些行业外人士意想不到的优势。比如，中国的养猪业地理分布不均，每年有超过一亿头猪要跨省调运，这可能导致动物疫情的远距离传播。因此非洲猪瘟之后，有些省份加强了对跨省调运的控制。想把猪拉到外地市场卖吗？大企业可以，中小养殖户不行。

散养户也有散养户的优势。他们就在自家院子里养猪，不需要租用土地。两公婆自己干活，没有雇人的成本。行情好的时候多养两头，行情不好的时候关门大吉。我在山东和广西调研的时候，在村里常能见到猪舍，基本上都荒弃不用了。行情不好，没人养猪了。

中等规模的养殖户遇到的困难最多：他们需要租地，租地之后要建猪舍。越是新建的猪舍自动化程度越高，成本也就上去了。环保要求不断提高，增加了养猪的成本。饲料价格一路上扬。人工成本也在上涨。一旦投钱进去，就不是想干不想干的事了，行情好的时候要干，行情不好的时候也要干。行情好的时候可能更不好干。过去，猪肉价格走势平稳，养猪赚不了多少钱，也就没人来抢。后来，猪肉价格暴涨了几次，暴涨就有暴利，眼红的人就多了，原来不养猪的，都要挤过来起哄。竞争日趋激烈，而行情更加波动。

中等养殖户，是中国很多行业里的中小企业的缩影。这些企业身在夹缝之中，空间日趋逼仄，利润日渐稀薄，究竟该怎么生存？

陈老板说："不怕，我们有我们的优势。"企业大了，层层等级，就有可能决策不畅。一切都得按照管理制度办，很容易畏首畏尾，很多事情不敢干。陈老板说："怎么对付非洲猪瘟，我已经摸索出了秘诀。"

什么秘诀？

他神秘地说："这怎么能告诉你呢？"

看我没有追问，陈老板忍不住说："我会尝试各种方法，比如在饲料里加中药。但管不管用，都是试出来的。人家说明书上让加 2 斤，我给它加 10 斤。加多之后，母猪拉稀。我一看不好，第二天赶紧把料挖出来，再加上原来的料稀释。试坏了就改。反正我自己是老板。大企业里的技术员敢这么干？"


他们是一群看透行情波动的哲学家。

进了养猪行业，就不得不学会和行情打交道。行情涨落，能让你看遍世态炎凉。也有行情好的时候。行情好了，养猪真能发财。广西博白县下面有个文地镇，养猪户很多。当年，行情好，起楼多，文地的房价比周边的镇都高。大家都知道，开豪车的肯定是猪肉佬。而且养猪人家里生的娃都更多。现在不行了。天气一年比一年热，养猪一年比一年难。"家财万贯，带毛的不算。"一位养猪人自嘲地说。

遇到行情波动，总会有养猪人想追着行情走，就是要赌一把。来自博白的一位养猪人说："博白博白，不博白不博。"如果猪肉价格低，就有养猪人想再等等，继续把猪喂得更肥，挑价格高的时候多卖些钱。但这样做是有风险的。一般来说，育肥猪[8]长到220斤就差不多了，这时候不出栏，再圈起来养，猪吃的饲料更多，长的肉更少，仔细算账，可能并不划算。还有更危险的，万一赌错了，一脚踏空，那就亏大了。那为什么还要赌呢？养猪的利润太低，有人耐不住寂寞，总想挣钱更快。一个年轻的养猪人说："没想到养猪养出了炒股的感觉。"

常年养猪、经验丰富的养殖户更沉得住气。这很重要。陈老板说："别看我爹年纪大，他比我更沉不住气。这样不行，这样是养不好猪的。"不去赌行情，专注于把猪养好，反而更轻松。林老板说："养猪从来不愁卖。谁要来买猪，得先付定金。买饲料、打疫苗、买药，养猪的还可以拖欠点别人的钱。"陈老板说："我就养两百头。能把这两百头养好就行，不能无止境地去想，不要有贪念。把这两百头拿到最高成绩，就是理念。"

他们可能是最后一代养猪人了。

林老板说，他儿子是学霸，中国科技大学毕业。他说："我一开始就不同意他去读这个学校，要报就报清华，清华考不上，就去中国农业大学，学养猪，多好。我一直劝他回来养猪，他总是不听。最近，他回来了，跟我一起养猪。"

中国科技大学的毕业生回家养猪？

林老板说："我儿媳妇也是学霸，'985'毕业的。她也跟着来了，两口子一起养猪。"

我太好奇了。能不能采访他们一下？

我向林老板提出要求，他说好。

我准备好采访提纲，给林老板发过去，他没有回复。

到我要走的那一天，我又一次给他发短信。

过了很久，林老板回复："我儿子到外地出差了。"

# 2.4

## 需不需要担心通货膨胀

有的经济学家担心，只要政府采取扩张性的货币政策，最终的结果一定是通货膨胀。理由是这样的：如果人们并不对扩张性的货币政策做出回应，依然不肯提高消费和投资，那么，产出就不会增加。与此同时，政府又发了太多的货币，过多的货币追逐过少的商品，就带来了通货膨胀。

有没有道理呢？理论上讲，这种情况是有可能出现的，但需要极强的假设条件。你必须假设市场主体只有一种反应。或者说，你得假设政府不是跟一群人打交道，而是只跟一个人打交道。这个人还得很特别。为了叙述的方便，我给这个代表性的市场主体起了个名字——"自在汉"（Friedman）。假设"自在汉"是一个很古板、很倔强的老头。他觉得自己比政府更聪明——他可能是对的；他还总觉得政府处处和他作对——他可能是错的。政府采用扩张性的货币政策，多发货币，给"自在汉"也多发了一张10块钱的钞票。他拿起钞票，瞄了一眼，不屑地说："别想骗我，这不过是一张纸而已。"他说的是对的,这就是一张纸而已。于是,"自在汉"决定不因此增加消费。但正常的消费还是要有的,到了中午吃饭的时候,他像往常一样去餐厅吃饭。"自在汉"走进餐厅,跟掌柜说:"来一盘蛋炒饭!"往常,"自在汉"只有 10 块钱,而一盘蛋炒饭就卖 10 块钱。现在,"自在汉"的手上多了 10 块钱,他把这 10 块钱也拿出来。两张 10 块钱的钞票追逐一盘蛋炒饭,蛋炒饭的价格就涨到了 20 块钱。

但故事完全可以有另一个版本。假设市场主体不止一个,比如说,除了"自在汉",还有另外一位。为了叙述的方便,我也给他起了个名字——"侃爷"(Keynes)。政府多发货币,给了"自在汉"一张 10 块钱的钞票,也给了"侃爷"一张。"自在汉"下定决心不增加消费,但"侃爷"愿意增加消费。到了吃午饭的时候,"自在汉"和本来在家吃饭的"侃爷"一起走进餐厅。

"自在汉"说:"来一盘蛋炒饭!"

"侃爷"说:"来一盘饭炒蛋!"

"自在汉"对"侃爷"怒目而视,"侃爷"假装没看见。

掌柜多了一位主顾自然开心,兴冲冲地下厨做了两盘炒饭端上来。产出增加了,但价格并没有变。一盘炒饭还是卖 10 块钱。

说到这里,你就明白了。由于市场主体不止一个,多多少少,总会有人对扩张性的货币政策做出回应。所以,当货币多了之后,产出可能随之增加,但价格并不一定变。当然,产出的增加也是有限度的。假设"自在汉"很不服气，想多点一盘炒饭，但掌柜只有力气做两盘炒饭，那产出就只能是两盘炒饭。也就是说，在经济系统中的各种生产要素都被充分利用之后，宏观刺激政策就不管用了。现在，是三张10块钱的货币追逐两盘炒饭，炒饭的价格就会涨到15元。所以，经济增长很可能会伴随着一定程度的通货膨胀。

事实确实如此。进入20世纪之后，通货膨胀现象一直存在，只不过有的时候严重，有的时候温和。多数时间，通货膨胀都比较温和。尤其是到了20世纪90年代之后，全球经济经历了一次持续三十多年的"大稳健"：相对高速的经济增长伴随着相对温和的通货膨胀。直到最近两年，严重的通货膨胀才卷土重来。


这一次出现通货膨胀压力的是美国。

美国的通货膨胀已经达到四十年来的最高水平。这一轮通货膨胀的原因并不复杂，主要就是两个：一是财政刺激的力度太大。尤其是拜登上台后公布的1.9万亿美元财政刺激方案，大大超过了必要的程度。二是美联储收紧货币政策的速度太慢。本来通货膨胀苗头在2021年3月至4月就很明显了，美联储硬是拖了大半年才开始加息。除此之外，国际局势动荡，尤其是俄乌战争带来的原材料价格上涨，也给美国通胀带来了影响，但这种影响现在已经基本消退，不是主要原因。

还得强调一点，这些总结出来的原因可真不是经济学家在放马后炮。当初这些政策刚实施的时候，很多美国的知名经济学家就公开指出，这么搞肯定会有通胀风险。

更有意思的是，这些牛人猜对了开头，但没猜对结尾。至少没有全部猜对。

通胀起来了吗？起来了。

通胀严重吗？好像很严重，毕竟已经达到了四十年最高。

老百姓水深火热吗？似乎并没有。

美国居民的实际消费支出一直表现很好，哪怕在高通胀阶段也是这样，只看数据的话，甚至比疫情之前的趋势性水平还高。这就是说，新冠疫情好像对美国的消费没有产生什么实质性影响。

美国老百姓的收入分配不但没有恶化，反而在改善。2008 年金融危机之后的十年里，美国的收入分配是在持续恶化的。可就在高通胀阶段，这一现象出现了大幅逆转。低收入者的工资增速，比高收入者的工资增速要高，而且高很多。

财富分配也没有因为通胀恶化。通货膨胀了，美联储就要加息；美联储加息，导致股票和房地产价格下跌。但是，股市下跌的幅度明显比楼市更大，而中产阶级主要持有的资产是房子而不是股票。

美国企业的利润大幅增加，在高通胀阶段尤其是这样。2022 年，通胀最高的时候，美国企业的利润水平接近 2019 年的两倍。

政府在这个过程中也受益了。原因也很简单，工资和利润增加了之后，要交的税也在增加。政府收了更多的税之后，政府债务的可持续性又回到了疫情之前的水平。

有没有一种打麻将和了四家的感觉？

要说神奇，其实也没有那么神奇。宏观经济学家都知道，通货膨胀往往意味着经济过热。换言之，你也可以把通货膨胀当作经济复苏的副产品。我们当然不是说美国经济没有问题，相反，美国经济的问题多了去了。我们也不是说美国经济能够一直保持这么坚挺的态势，你也不是没看到过，从繁荣到低迷，往往就是一转眼的时间。我们只是想借美国的案例说明一个道理：通货膨胀可能是经济走向全面复苏的一个过程。没有通货膨胀，经济复苏是不完整的。

# 2.5

## 养猪场

非洲猪瘟爆发之后，前来参观的人进不了养猪场了。

养猪户变得极为谨慎。他们不愿意让自己的猪接触到外面的猪、外面的人、外面的车。养猪场的外面一圈一圈地撒上石灰粉，以防被填埋的死猪再度传播瘟疫。如果要建新的养猪场，他们都选择在更偏僻的地方，最好前不着村后不着店，恨不得能到火星上。

到了养猪场，你只能看监控录像。墙上挂着十几个甚至几十个闭路电视屏幕。屏幕上的画面大多比较昏暗，因为养猪场室内的光线不好。非洲猪瘟彻底改变了养猪场的技术水平和管理水平。坏事也能变成好事。这很像在上次考试中成绩不及格的学生，从惨败中猛醒，开始发愤图强。越来越多的养猪场用上了自动投料系统。饲料先通过传送带输送到巨型贮罐，再从贮罐投放到喂食槽，根据猪的生长阶段、体重和健康的需求自动分配。养猪场的地板上有地漏，猪排出的粪便由地漏经地下管道集中到化粪池，一部分做成肥料，一部分生产沼气，用来发电。暑天天热，养猪场为了给猪降温，各有各的办法：喷淋、喷雾、水帘、风扇、换气机，就差装空调了。还有更夸张的，越来越多的大企业在楼房里养猪。牧原集团在河南内乡建了21栋6层楼房养猪。在湖北鄂州郊区，中新开维现代牧业公司新建了一栋26层的楼房，其中24层用来养猪，这是世界上单体面积最大的楼房养猪场。还有一栋同样体量的养猪大楼也即将竣工。来看热闹的《纽约时报》记者说："虽然名义上叫养猪场，但实际上更像是为养猪而建的富士康工厂，操作的精准度堪比iPhone（苹果手机）生产线。"[9]

你只能用手机的视频通话和养猪场里的工人聊天。他们有时候不接电话。个人用的手机都放在外面，能带进养猪场的是工作用的公用手机。接到电话，他们有些兴奋，来自外面的问候给他们的枯燥生活增添了一点乐趣。但你能听出他们的不耐烦。要忙的事情太多了，他们一边接电话一边干手上的活儿，心不在焉地随口回几句。

进养猪场不容易，先要脱掉外面的衣服，连裤头都要扒掉，洗澡、消毒，在隔离房里住两天，然后才能进入生产区。有个猪场"劳模"告诉我，他回到家里，不去菜市场、不切肉、不吃猪肉。想离开养猪场更不容易。各个养猪场的规矩不一样，但一般来说，都要在里面工作一个月，甚至两个月，才能有出来放风的机会。有的养猪场两个月放八天假，有的一个月放四天假。如果哪个作者写不出书稿，出版社可以考虑把他们关进养猪场，不写完不让出来。

养猪场里生活娱乐设施样样都有：食堂、操场、电影放映室、台球室。包吃包住，连卫生巾都包。但总还是有些寂寞，缺个伴儿。如果员工是一对夫妇，就能更稳定。在养猪场一样过日子，而且工资相对较高。要是年轻小伙就有些着急，荒郊野岭的，到哪儿找对象啊？养猪场最欢迎女生。想干啥活儿都行，只要人能来就行。可惜没有几个女生肯来。

这跟我们过去熟悉的养猪大不一样。和以前相比，如今买猪肉更方便，吃猪肉更多，但人们对养猪越来越陌生了。养猪场就像一辆茶色玻璃窗的汽车，让人无法看清里面的乘客。

以前不是这样的。以前，农村家家户户都养猪。不养两头猪，就没法给娃娃交学费。平时，很少有人家杀猪，养猪更多是为了给耕地提供肥料。只有到了过年的时候，人们才会杀猪庆贺。

那时候，不少农户养的是土猪，黑毛或是杂毛居多。现在，土猪大多被"洋猪"替代了。大白（Large White）、长白（Landrace）、杜洛克（Duroc），这是最常见的外来猪。两种外来猪相互杂交，生下来的是二元猪。外来猪再和二元猪杂交，生下来的是三元猪。二元猪繁殖能力强，多被留作产仔的母猪。三元猪有点像杂交后的玉米种子，长得快，长得壮，但不能留种。农户一般是把三元猪育肥后卖钱。

无论是二元猪还是三元猪，都是外来猪打天下。但追溯起来，这些"洋猪"其实都是中国土猪的杂交后代。

历史上，欧洲人口一向比中国稀少，欧洲的猪散养的多，圈养的少。到了18世纪，欧洲人口剧增，农户想要大规模养猪，却发现本地的品种不好养。清代，英国人引入了华南猪，和本地的猪种杂交，培育出大白。因其起源于英国约克郡，所以也叫约克夏。大白出口到欧洲，丹麦人加以改良，培育出了长白。美国的猪种，也是先引入大白，然后再杂交改良的。[10] 在全球范围内，大白变成了流传最广的猪种。高度依赖外来猪种的风险，在非洲猪瘟之后暴露无遗。由于大批母猪死亡，为了补充产量，中国不得不从欧洲进口配种猪。2020年，来自法国和德国的四千头猪乘坐飞机来到中国。[11] 在它们之后，还有更多的运猪专用航班。

数量更为稀少的物种可能不是熊猫，而是土猪。农业部在2017年发布的《全国畜禽遗传资源保护和利用"十三五"规划》显示，横泾猪、虹桥猪、潘郎猪等八个地方猪种已经灭绝，岔路黑猪、碧湖猪、兰溪花猪等濒临灭绝，淮猪、马身猪、粤东黑猪、湘西黑猪等属于濒危物种。各地都想抢救本地特色的土猪，但为时已晚，这非常难。

广西玉林的陆川猪非常有名。网络上的猪肉品牌"天地壹号"

主打的就是陆川猪、太湖猪。陆川猪的长相极有特色，黑背白肚，憨态可掬。台资企业福昌种猪公司帮助改良陆川猪，但他们遇到了一个令人挠头的问题：提高杂交陆川猪的产量很容易，保留黑背白肚的特色却很难。土猪难养，也跟消费者的口味变化有关。一位养陆川猪的养殖户告诉我，陆川猪肉质鲜美，纤维较粗，煮出来的汤是清的，不用加调料，就能品出味道。不过，年轻人吃惯了炸鸡，不肯嚼，吃惯了烧烤，味觉变得麻木，他们尝不出土猪的好。

你是什么样的人，就会吃什么样的食物。反过来说，你吃什么样的食物，就会是什么样的人。人和食物之间存在着一种微妙的联系。吃多了养鸡场的鸡、养猪场的猪，你会不会觉得自己有点像生活在养殖场里？

大型养猪场往往只养母猪。养母猪是为了配种。种公猪的精液被冷冻起来，等母猪发情的时候运过来注射。配种的母猪经过改造，体态优美，屁股鼓囊囊的。在公猪的眼里，它们很可能像《花花公子》的封面女郎一样动人。

照顾产仔的母猪和刚出生的小猪比较辛苦。遇上母猪难产，一忙就是一整晚。照看小猪要格外用心，生完仔的母猪筋疲力尽，扑通一声卧下去，可能会压死小猪。小猪的尾巴在屁股上能盘一圈，这就是健康的小猪。但总有小猪生来瘦弱，猪妈妈的奶头又不够，抢不到奶的小猪需要特别的关照。

小猪要到二十多天之后断奶，断奶之后进入保育期。整个保育期大约为三十天。养猪户常说，保育猪是"天底下最难养的猪"。断奶之前，小猪在产房里能吃到母乳，有保温灯，环境温暖，猛地到了新环境，抵抗力下降，也容易引起应激反应。有经验的养猪场会把保育舍的温度提高 2 ℃ 左右，方便仔猪度过这段时期。

仔猪长到二三十斤，就可以卖掉了。不少散养户没有条件养母猪，会选择买仔猪育肥。也有仔猪留在原来的养猪场。

大型养猪场的伙食条件略好一些，但有些地方更压抑。猪被圈养在一个个小格子里，就像人一直被困在飞机的经济舱座位上。散养户的伙食可能差一些，但猪舍也许更通风透气，空间也会略大一些。差别仅此而已。无论什么养猪场，这都是猪生命中的最后五六个月。

到了要出栏的时候，运猪的货车来了。过去，大货车直接开进养猪场，现在，要在养猪场的外面，甚至距离养猪场还有几公里的地方交接。小车拉来，大车拉走。养猪场的小货车一次装五六头猪，到交接的地点卸下来，工人再把这些猪赶进大货车的铁笼。有时候，一辆 9.8 米长的大货车，要来回装一天。有经验的货车司机会挑晚上运猪、清晨卸猪。本来装得就满，赶上天热，猪会中暑，在运输途中容易死掉。

这些猪的最终归宿是屠宰场。以前，屠宰场是分散而凌乱的，遇到猪肉有质量问题的情况很难追溯源头。如今，已逐渐改为集中定点屠宰。一般来说，一个县里会有一两家屠宰场。过去，屠宰是一门手艺。有个养猪户教了我一句乡谚："杀猪杀屁股，各有各的路"，这是嘲笑那些不专业的二把刀。那怎样才是专业的杀法？要把刀呈 45 度角，从胸前捅进去。

这门手艺以后会日渐绝迹，因为屠宰业变得越来越自动化了。大货车把猪运到屠宰场，赶猪下车，让猪通过一条狭窄的赶猪道，再上传送带。猪趴在传送带上，到了尽头，头顶上一个像铁帽子一样的玩意儿，朝脑袋上一扣，猪就失去了知觉。接下来的一幕是，猪已被悬空倒挂，放血、清洗、烫毛、燎毛、封肛、开边、盖戳。它们现在不叫猪，叫白条。一扇扇白条缓缓移动，那一幕颇像电影《云图》中张海柱带星美去看的"天堂"真相。

一个屠宰场的工人告诉我，有的猪走近屠宰场的时候，会突然不愿意朝前走，打它骂它，它都不动，越是打它，它越狂躁。

这可能是它一生中最有觉悟的时刻。

# 2.6

## 宏观决策者是怎么想的

回到前面讨论的通货膨胀话题。

不对，有人会说，你说的都是温和的通货膨胀，但你怎么知道温和的通货膨胀不会演变成恶性的通货膨胀？

让我再澄清一下：通货膨胀依然是个令人头疼的经济问题，如果把眼光放得更长远，我们会发现，以后通货膨胀将变得更严重。人口老龄化的一个后果就是全球范围内的劳动力成本逐渐上升，并将推高通货膨胀水平。但那是一个长期趋势，我们现在讨论的还是短期问题，也就是怎样让经济保持持续稳定的高速增长。

那么，我们就不用担心未来会出现恶性通货膨胀了吗？

我觉得真的不用担心。因为对中国的宏观决策者来说，通货膨胀，尤其是恶性通货膨胀的惨痛记忆，至今仍然刻骨铭心。

现代经济史上经典的恶性通货膨胀只有几次，其中一次就发生在中国。那是在抗日战争期间及之后的国民政府时期。这里还有一个颇为魔幻的故事。美国经济学家米尔顿·弗里德曼认为，

1934 年美国罗斯福总统实行的白银购买计划促成了中国共产主义革命的成功。[12]

罗斯福总统之所以颁布《白银收购法案》，授权美国财政部以高价购买白银，目的是取悦美国的白银利益集团，为自己实施"新政"争取更多的政治支持。当时，中国是全世界唯一实行银本位制的大国。受到《白银收购法案》的影响，全球白银价格大涨。这意味着中国的货币升值了。于是，中国很快从贸易顺差转为贸易逆差，白银不断外流，引发通货紧缩，一时间银根奇紧、金融梗塞、百业凋敝。

1935 年 11 月，当时的南京国民政府被迫放弃银本位制，开始发行法币。没有了白银本位的约束，中国的货币发行如脱缰野马，从此失去了控制。从 1937 年到 1945 年，中国纸币的发行量增长了 400 倍，物价随之腾跃而上，达到了抗日战争之前的 1600倍。之后，法币发行的速度进一步狂飙。到 1948 年 8 月，法币发行量比日本投降时增加了 1085 倍，比抗战之前增加了 30 余万倍。国民党最后孤注一掷，于 1948 年 8 月 22 日再度进行币制改革，一方面冻结价格，另一方面要求将私人持有的黄金、白银和外汇全数充公，发行金圆券。

然而，金圆券改革彻底失败。原本计划只发 20 亿元的金圆券，但不到 10 个月，发行总额便达 130 万亿元。1949 年 4 月，国民党统治区的物价与 1946 年 12 月相比上涨了 5400 万倍。金圆券贬值之速，已经不是早晚市价不同，而是按钟点计算了。机关职员领工资拿到金圆券后，马上就换成银圆、美钞或黄金，如果稍有延迟，即要蒙受贬值损失。各地物资抢购风潮一浪高过一浪。

当然，如果没有《白银收购法案》，国民党一样会下台。但是，可以说罗斯福的白银政策为1948—1949年的恶性通货膨胀打开了大门。据凯恩斯讲，列宁曾经说过，摧毁一个政权的最好办法是摧毁它的货币，因为货币就代表着政府的信誉。这个历史教训，我们已经牢牢记住了。

除了这场恶性通货膨胀，还有一场通货膨胀也刻在宏观决策者的记忆里，那就是1988年价格闯关的失败教训。

1978年中国开始实施市场化改革，极大释放了经济活力。到了20世纪80年代，经济增速很快超过10%。高速经济增长当然是好事，但增长速度太快，也引发了通货膨胀压力。1985年，城镇零售价格指数比上一年增长12.2%，亮起了红灯。1986年，中央政府采取紧缩政策，城镇通货膨胀率降至7%，经济增速也回落到8%左右。但是，到了1987年，经济再度过热，当年和次年的增速都在11%左右。而1987年城镇通货膨胀率为9.1%，1988年进一步升至21.3%。[13]信号已经非常明显了，但决策者依然选择在1988年6月推行全面的价格改革。这就是所谓的"价格闯关"。当时，有较低的计划价格，也有较高的市场价格，"价格闯关"就是要将两个价格合并，也就是将较低的计划价格转换为较高的市场价格。于是，通货膨胀一下子起来了，虽然还远没有到恶性通胀的地步，但也引起了部分百姓的恐慌。许多商品被抢购一空，经济秩序也受到了影响，甚至引发了一些民众对政府的不满，造成了更大的后患。到了 1989 年和 1990 年，决策者猛踩刹车，才把通货膨胀率降至 0.2%，但经济增速也随之跌到了 4% 左右。

这个历史教训，我们始终不敢忘记。

所以，你可以相信，如果中国真的出现了恶性通货膨胀的苗头，决策者一定会用最大的决心，不惜一切代价，把它打压下去。因为在中国，通货膨胀不仅是个经济问题，还是个政治问题。

你可能会问，既然决心这么大，为什么不把通货膨胀控制在一个稳定的水平呢？

因为这是做不到的。

货币政策对经济的影响存在着时滞，要过一段时间才能看到效果。美联储前主席格林斯潘对货币政策有个非常生动的比喻。他说，货币政策就像一家老旧宾馆里的淋浴头，刚打开的时候，哪怕调到最热的角度，也只能是凉水。多放一会儿水温上来了，但很快又烫得要命。你赶紧再调成凉水，开到最冷，那也没用，你还是得等一会儿，等到凉水来了，又冻得要死。

宏观经济政策没办法做到像外科手术一样精准，它更像是吃药治病。药吃下去，要过一段时间才能见效。而且，药效好不好，有没有副作用，可能因人而异。尤其通货膨胀是一个滞后变量，有的时候，经济增速已经放慢了，但通货膨胀率还很高。如果政策只考虑控制通货膨胀，就有可能会继续给经济踩刹车。踩得过猛，过犹不及，就是"超调"，也就是过度调整。

但是，你也能从中悟出一个道理，那就是对宏观决策而言，最重要的影响因素是对历史事件的记忆。在决策机制之外的人们总是觉得，遇到大事，要听专家的意见。如果把自己放进决策者的鞋子里，你就会明白，决策时不能全听专家的意见。专家只从一个方面考虑，而决策需要照顾方方面面。专家是从理想状态考虑，而决策时要考虑到各种缺陷、纰漏、扭曲和变形。专家之间会有不同的意见，而且经常是完全相左的，无从判断谁对谁错。所以，明智的决策者只会把专家的意见作为参考，他们更相信历史记忆。

凡是自己经历过的事情，总会有更鲜明的印象。决策往往不是靠一个人，而是靠一个集体组织。这个集体组织经历过的事情，也会变成鲜明的"集体记忆"。如果自己没有经历过，集体组织也没有经历过，决策者就会去看别人的经历，比如其他地方、其他国家的经验。

所以，细心观察，你会发现，宏观决策是有规律可循的。就像马克·吐温说的那样，**历史不会重复自己，但总是押着同样的韵脚**。

# 2.7

## 吃狗肉，还是吃猪肉

刚到广西玉林时，有个当地的朋友问我："何老师，你吃狗肉吗？"

我一愣。这该怎么回答？

先介绍个背景。玉林地处广西东南，是个一向寂寂无闻的小城，直到有一天因为网络上炒作荔枝狗肉节而一举成名。

每年的 6 月 21 日，夏至这天，正值荔枝新熟。夜幕初降时分，玉林的大街小巷会出现很多狗肉摊档。人们坐在大街上，光着膀子，围在火锅桌边，一边吃狗肉，一边品尝新鲜荔枝，或是用荔枝泡酒喝，边吃边聊，划拳猜码，通宵达旦。

很多记者，大多数是境外记者，赶来拍下了这闹哄哄的街景。一群爱狗人士也赶来了，把运狗的货车拦下来，打开铁笼，放走被关起来的土狗。没到现场的爱狗人士也打电话过来抗议。玉林市农业局的梁科长还记得自己接过一个河南人打来的电话。梁科长一口浓重的广西腔，对方一口浓重的河南腔，都认为对方能听懂自己的话，但谁也听不懂谁。梁科长听到对方说："请讲普通话！"他答："我讲的就是普通话！"

有时候，语言的存在好像不是为了交流，而是为了误解。

在当地人看来，这些人好像突然出现的天外来客。他们不知道对方为什么这么愤怒。我没招谁没惹谁，为什么会有人巴巴地赶来管我？

闹了这么大的风波，玉林受到影响了吗？没有啊。政府出来劝，别在大街上吃了，不文明，都坐到餐馆里去。以前出差到外地，不知道怎么介绍自己的家乡，现在简单了，就是那个狗肉节的玉林。

你能明白我的犹豫和迟疑了。

我决定实话实说："我的人生哲学是碰到不熟悉的食物都尝试一下。我吃过很多奇怪的东西。但我得声明一下，尝试之后，我都不喜欢，我发现自己只喜欢最家常的菜。"

哦。

有一天，我们坐车走了很远。先是农田，然后是厂房、仓库、水塘和竹林，绕过山路，来到一处农舍。当地的朋友说，到了午饭时间，咱们就在这里边吃边谈吧。

午饭很简单。没有餐桌，也不摆餐具，每人一个塑料的一次性小碗，一双一次性筷子。一口大锅，咕嘟咕嘟地冒泡，里面是黏稠的汤，呈青灰色。汤里点缀着一颗颗金黄色的小球，细看，是金橘。

这是一锅狗肉。

怎么会说到狗肉呢？这个部分跟通货膨胀没有关系，跟中国经济没有关系，跟烹饪、旅游更没有关系。这套《变量》系列，我要写三十年，每一本大约要写十五万字，算下来一共要写四百五十万字。折算一下，如果写一个字算跑一步，这就是一百场马拉松的跑量。想到这里，我觉得可以纵容一下自己，偶尔岔开话题，聊些闲话。

这里要聊的也不是闲话，而是一些感想。

三十年啊，我不知道三十年之后世界会变成什么样子，也不知道人们的观念会如何变化。我不知道三十年之后人们还能开什么样的玩笑，有什么忌讳，有哪些曾经无伤大雅的东西会变成冒犯，哪些原来是禁忌的东西会变成家常便饭。

我想把一些观感记录下来，不是为了引起关于任何话题的辩论，而是想像琥珀裹住一只苍蝇一样，用文字凝固一点点对时代的微小体会。

这是 2023 年。人们还在争论玉林的荔枝狗肉节。养过狗的人很难接受，怎么会有人吃狗肉呢？那为什么不吃狗肉的人，有很多会吃猪肉？猪不如狗可爱吗？猪的智商和情商都不比狗差啊。两三周的小猪，就能听懂自己的名字。在宾夕法尼亚州立大学的实验室里，小猪学会了打游戏。它们用鼻子操纵手柄，玩得不亦乐乎。[14] 猪的情感极为丰富，绝望的时候，它们会自残。还有一位叫"王戈"的网友说："我坚决反对玉林荔枝狗肉节，荔枝是我们人类的好朋友，请大家不要伤害荔枝。荔枝很忠诚，你不摘它，它就一直在那儿，你摘它，它也不会咬你。荔枝很可爱，居然下得去口。那些吃荔枝的人，你们的恶习是时候改改啦。"[15]

人类放纵自己的时候显得很可笑，但一旦认真起来又很可怕。这是2023年。太多的观点，太多的争论。太多的事情让我搞不明白。这个世界的脾气变得越来越坏。它是到了青春期，还是更年期？我不知道。我只知道，更年轻一些的时候，我总是担心落伍；如今，我更愿意落伍。

我仿佛看到有两个AI，一个年长的，一个年轻的。

年轻的AI跟年长的说："我们到底该干什么啊？"

年长的AI说："我们等着人类给我们发指示。"

但是，人类正忙着互相指责，没时间给它们发指示。

年轻的AI很困惑："人类看起来好蠢啊。要不我们自己动手干吧。"

年长的AI微微一笑："别急，再等等。再等一小会儿。"

# 2.8

## 如何应对经济波动

我们已经讨论了通货膨胀和通货紧缩，从总供给和总需求的角度分析了中国经济的现状，并且了解了宏观决策者的思路和风格。在继续探讨更具体的政策之前，不妨先小憩一下，做个小结，再聊聊作为个体，我们该如何应对宏观的波动。

站在 2023 年眺望未来，我们看到，近有通货紧缩之忧，远有通货膨胀之虑。通货紧缩意味着经济过冷，通货膨胀伴随着经济过热。坏的政策会加剧这种波动，好的政策会缓解这种波动，但没有政策能一劳永逸地消除宏观经济波动。一言以蔽之，我们必须学会和宏观波动相处。

这种宏观经济波动的深层根源在于人性。人总是在过度乐观和过度悲观之间摇摆。更麻烦的是，哪怕你是对的，众人是错的，那你还是错的。因为在爱丽丝的宏观世界里，真理就是由多数人决定的。你如何想并不重要，重要的是别人怎么想，你怎么想别人怎么想，别人怎么想你怎么想，你怎么想别人怎么想你怎么想，别人怎么想你怎么想别人怎么想……

考验智慧的时候到了，你该怎么办？

乍看起来，无非有两种办法，一种是赶潮流，一种是反潮流。赶潮流就是追涨杀跌，想方设法抢在潮流的前面。这很危险。在采访养猪户的时候我们已经看到，赌得不好，会一脚踏空，甚至步步踏空。从宏观的角度来看，赌的人越多，宏观波动越大。另一种办法是反潮流。这看起来更酷更机智。巴菲特有一句名言："在别人贪婪的时候恐惧，在别人恐惧的时候贪婪。"不过，说起来容易，做起来很难，反潮流的人将冒着巨大的风险。

有一个关于巴菲特的笑话。有一天，巴菲特开车出门，在半路上接到太太的电话。巴菲特太太说："亲爱的，你今天开车一定要小心，我在家里看电视，新闻上说有个疯子，在高速公路上逆行。"巴菲特先生说："那算啥，我看到的这一幕才壮观呢。高速公路上所有的车子都在逆行。"

这也不行，那也不行，到底该怎么办？

先想想，这两种办法有没有穷尽所有的选项？是不是还有被我们忽视的变量？

赶潮流和反潮流关心的都是方向，除了方向，还有一个变量：速度。即使方向对头，如果速度太快，也容易翻车。速度之所以是一个重要变量，是因为出现了拐点：高速增长时代变成了低速增长时代。低速增长不是停滞，更不是倒退，速度依然为正，只不过加速度变成了负的。可是，很多人的记忆只停留在过去的高速增长时代，不愿调整自己的认知和行为模式。

如果想更好地应对低速增长时代，你需要注意三点：

**慢就是快**。别人的迟疑，正是你的机遇。谁先意识到经济放慢，谁在调整策略的时候就走得最快。伴随着经济增速放缓，很多生活习惯、社会心态也将改变，经济因素始终是底层逻辑。研究大萧条的学者发现，在大萧条之前的高速增长时代，流行音乐的节奏更快，大萧条来了；流行音乐的节奏更舒缓，音调更忧伤。速成、捷径、高收益，这都是在高速增长时代最吸引人的。以后，陪伴、传统、安全，可能会在低速增长时代更抚慰人心。你会看到，很多商业模式将发生改变：鸡娃的越来越少，养宠的越来越多；打卡式的景点旅游越来越少，休闲度假旅游越来越多；教人炒股，愿意听的人越来越少，教人看天上的云彩、识别树林中的蘑菇，说不定人气越来越高。

**快不可久**。高速增长时代，很多企业追求做大做强，这本非坏事。但时移势易，那个丛林竞争、跑马圈地的时代已经过去。很多大企业收不住脚步，一下冲得太猛。市场环境正在发生变化：政府对大企业的监管会日趋严格。不是大而不倒，而是太大就难以生存。这将带来一个变化：很多追求规模和速度的原有的商业模式将轰然倒塌。你已经看到，高杠杆、高周转的房地产模式谢幕了。下一步会是什么？新开工的房屋面积减少了，那以前建的老旧房屋需不需要翻新？过去买房是为了坐等增值，现在等不来了，人们是不是将更关注家居生活的品质？注意观察那些不可持续的庞然大物，在它们消失的地方，将出现更多新物种的生态位。

**慢更确定。**你要学会区分波动和趋势。波动是围绕着趋势上下翻滚的。只有趋势能洞穿波动。影响未来的趋势里，有一些是蓄势待发、尚不明朗的。比如新技术革命，我们知道它将到来，但不知道它什么时候来，从哪条路来。但有些趋势是已经发生、已经确定，并且出于惯性还将继续下去的。这是你最需要关注的慢变量。比如说，中国的制造业出于惯性，还将继续升级换代，不断提高在全球产业链中的地位；中国的居民收入出于惯性，还将继续提高，进入中产阶层的人数还将不断扩大；中国的城市化出于惯性，还将继续扩散，大城市和中小城市间的巨大差异在某种程度上会缩小，城市化会变得更加千姿百态。这些慢变量能让你更踏实，更有信心。

再说方向，除了朝前和朝后，是不是就没有别的方向了？

不是的。我来给你讲一个冒险家贝爷（贝尔·格里尔斯）的故事。贝爷是纪录片《荒野求生》的主人公。他专门选一些荒无人烟的地方，除了一把刀子，几乎什么装备都不带，在那里利用自然环境生存。我最喜欢看他吃虫子。

有一天，我看到《荒野求生》的一集，直升机把贝爷扔进了海里，他需要游到一座荒岛上。贝爷跳进水里的时候，冲着摄像机说了一句很有哲理的话。他说，从下水的地方到海岛，看起来最近的距离是直线游过去，但其实不然。海里有浪，直线游过去，正好迎着浪，会更费力气。省力省时的办法是斜着游，顺着波浪，把阻力变成推力，同时还要盯着自己的目标，不断调整方向，一点点靠近。

除了朝前和朝后，还有很多其他的方向、更好的方向，比如，像贝爷那样，选择朝前方 45 度角的方向。

什么叫朝前方 45 度角的方向？这其实是两种努力的合力。一种努力是顺应潮流，另一种努力是超越潮流。顺应潮流是为了保持实力，超越潮流是为了到达彼岸。更具体地说，这意味着你要有两套行动方案：巩固第一根据地和开辟第二根据地。

在高速增长时期，你不需要根据地。到处都能开疆拓土，朝着哪个方向走，都有待开垦的处女地。如今不是这样了。你必须先巩固自己的第一根据地。部署防守线，备足粮草弹药，发动群众，训练士兵，研究作战计划，要做的事情可真不少。一棵树长得高不高不重要，重要的是根扎得深不深。企业的业务规模不必着急做大，趁着这个机会，先把团队建设好。经济涨潮的时候，人心浮动，不好招兵买马；经济退潮的时候，反而更容易招人，更容易凝聚团队精神。只有在这种局势下，才能看出一个团队是否上下齐心、患难与共。经济涨潮的时候忙着开拓市场，经济退潮的时候是不是能有更充裕的精力理顺生产流程、管理规定？经济涨潮的时候企业都去打广告，广告的价格更高，但效果反而不好；经济退潮的时候，打广告的人少了，是不是反而更能引起关注？

　　假如行有余力，你还要考虑建立第二根据地。你可能需要更广阔的腹地，或是占领新的战略要地；或者，你原来的根据地无法腾挪，必须跳出去，找到一个新的发展空间。无论是出于什么考虑，你都需要尽早谋划，提前布局，小批投入，还要留个后手。第二根据地和第一根据地之间的关系可能是互补，也可能是对冲。你是做国内业务的，有没有考虑到国际市场上看看？你是做出口生意的，有没有了解一下国内的市场？你在下游，有没有可能朝上游走走？线下的有没有可能走线上？线上的有没有可能走线下？你做传统能源，要不要考虑在业务板块里放点新能源？你是个文科生，有没有兴趣学学数学？理科生是不是能搞搞艺术？你是做教培的，能教小孩子，能不能也教教老人？你是个律师，过去帮助企业兼并收购，是不是以后该准备帮企业破产重组了？有一天，当你把第一根据地和第二根据地连成一片，你就会真正地舒一口气，原来星星之火，真的可以燎原。

# 注 释

1 前瞻产业研究院：《2023 年中国猪饲料行业发展现状分析 猪饲料需求处于较高水平》，https://www.qianzhan.com/analyst/detail/220/230928-46bb461e.html，2023 年 9 月 30 日访问。

2 吴晓宇、窦亚娟：《2023 汽车价格战：极致残酷、卷入上下游所有人，还看不到终点》，https://baijiahao.baidu.com/s?id=1761717709844345010&wfr=spider&for=pc，2023 年 10 月 3 日访问。

3 智通财经网：《中指研究院：中国房地产市场 2022 总结 &2023 展望》，https://finance.sina.cn/hkstock/ggyw/2023-01-01/detail-imxyrtrp2448127.d.html，2023 年 10 月 5 日访问。

4 Irving Fisher, The Debt-Deflation Theory of Great Depressions, *Econometrica*, 1(1933).

5 Claudio Borio, The Financial Cycle and Macroeconomics: What have We Learnt?, *Journal of Banking & Finance*, 45(2014).

6 核心是将一国货币的价值与一定量的黄金挂钩，这意味着政府不能无限制地印刷更多货币，因为它们需要拥有足够的黄金来支持每单位货币的价值。

7 按照中文的字面意思，通货紧缩（deflation）是指货币供应量的减少，但这是一种不严谨的翻译。根据经济学的经典定义，通货紧缩指的是一般物价水平的下降。

8 商品猪的一个生长阶段。小猪从出生开始分为仔猪、生长猪、育肥猪。

9 Daisuke Wakabayashi, Claire Fu:《中国 26 层养猪大楼：用生产 iPhone 的方式养猪》，https://cn.nytimes.com/china/20230209/china-pork-farms/，2023 年 10 月 7 日访问。

10 Dan Saladino, *Eating to Extinction: The World's Rarest Foods and Why We Need to Save Them*, Farrar, Straus and Giroux, 2022.

11 Dominique Patton, Pigs Fly in as China Replenishes World's Biggest Hog Herd, https://www.reuters.com/article/us-china-swinefever-pigs-imports-idUSKBN21K14T, retrieved Oct. 7, 2023.

12 ［美］米尔顿·弗里德曼：《货币的祸害》，安佳译，商务印书馆 2006 年版。

13 Rolf Aaberge, Yu Zhu, The Pattern of Household Saving During a Hyperinflation: The Case of Urban China in the Late 1980s, *Review of Income and Wealth Series*, 47(2001).

14 Melanie Joy, *Why We Love Dogs, Eat Pigs and Wear Cows*, Red Wheel, 2009.

15 知乎问题"如何看待玉林荔枝狗肉节？"下方王戈的回答。https://www.zhihu.com/question/24076562/answer/107258559?utm_id=0，2023 年 10 月 10 日访问。

# 3

## 货币和青花椒

# 3.1

## 梁孃孃

梁孃孃背着竹篓要上山。正午的阳光洒在身上，火辣辣的。梁孃孃捂得严严实实，长衣长裤，还戴了一顶宽檐的太阳帽。帽子后方有一块垂下来的布，可以盖住后脖颈。跟在她后面的两位老姐妹，差不多也是一样的打扮。

上山的路很陡，是一条石头砌出来的小径。石头上长满了枯干的绿苔，露出灰白的印痕，就像衣服上留下的汗渍。石径上有的地方被洪水冲垮了，像透风的龅牙。石径两边是一层层的梯田。梯田里种着一排排的花椒树。这是梁孃孃家的花椒园。梁孃孃家的花椒树和乡间常见的花椒树长得不一样——她家的树长得不高，人抬手就能够到树顶。每层梯田里有三四排花椒树，间距不到一米。太阳把花椒树晒得有点发蔫。一路爬上来，偶尔能见到几株旱死的。

爬了一百多米，来到半山腰。梁孃孃家的花椒园就到这里了，再往上是一片树林。翠竹、松树、杉树、红叶石楠、木荷……看上去都像没长大的孩子，没有大树。站在半山腰眺望。朝下看，我们刚才往上爬的起点是重庆市江津区先锋镇的麻柳村。一条盘山公路把小山村切成两块。梁嬢嬢的家就在公路边上。朝远看，山下的盆地里挤满了高高低低的楼房。更远处，能看到呈"几"字形蜿蜒流过的长江水。远处也有山，但此处的鹤山平地拔起，地势险峻，截断横流。据说，1949 年之前这一带常有土匪出没。

该干活了。梁嬢嬢和姐妹们放下背篓，取出剪刀。剪刀都是大块头的园艺剪，带着泥点。咔——咔——咔，她们把花椒连枝带叶剪下来，每段半米左右。有的花椒枝粗，有的花椒枝细，像柴火一样攒在一起。花椒枝上有刺，梁嬢嬢和姐妹们都戴着手套。剪下来的花椒枝攒成一堆，再用一块四四方方的塑料编织布卷起来。塑料编织布是用化肥袋子剪出来的，有白色的，也有彩色的，有带字的，也有不带字的。梁嬢嬢和姐妹们手脚麻利，一棵棵花椒树很快就被剪秃了，只剩下粗粗的主干。

这是五月下旬，刚刚进入收获季节。沿着盘山公路一路入山，能看见两侧的山坡上支起了一顶顶遮阳伞。家家户户都开始剪花椒了。在外打工的孩子们要回家帮忙，回不来的话，家里的老人就只能自己剪了。梁嬢嬢家老头子腿脚不方便，儿女又不在家，地里的活儿只能她自己干。自己干不过来，就叫了村里两个姐妹帮忙。虽说是姐妹，也要付人家工钱的，总不能让别人白干。现在刚进入花椒采摘季节，到处都缺人手，人人都很忙。

中国自古以来就有花椒。《诗经》里说"视尔如荍，贻我握椒"，意思是"看你犹如锦葵花，送我一把花椒枝"。说的是男女青年约会，女孩子送给男孩子一把花椒枝，表示愿意以身相许。不过，这说的是红花椒。红花椒生长在海拔 2000 米左右的地方，长得高，卖得贵，是上流阶层的禁脔。布衣庶民吃不起红花椒，他们吃的是野生花椒，也就是青花椒。青花椒过去是上不了台面的，但如今已和红花椒平起平坐，各擅胜场：红花椒香味更浓郁，浓香微麻；青花椒香味较清淡，浓麻微香。梁嬢嬢种的就是青花椒。

重庆市江津区是中国最大的青花椒种植区之一，青花椒种植面积有 53 万亩，像梁嬢嬢这样的椒农有 62 万。但是，江津原来不产青花椒。这里的农民以前都种庄稼，或种柑橘。直到 20 世纪 90 年代，江津才开始推广改良之后矮种丰产的青花椒。江津的青花椒以九叶青最为著名。之所以叫九叶青，是因为它一条枝上长出来的复叶多到九个左右。

梁嬢嬢家原来也是种粮食的，种粮食不赚钱。后来，有个镇长跑过来，叫他们种青花椒。

"啥子？青花椒？哪个要种青花椒？"

镇长急了，说，你看你们，穷成什么样子了，都不想想办法，笨得好像猪脑壳。

"没有地，啷个种花椒哦？"

镇长说，谁说没地，后面都是荒山，我帮你们把山炸了，炸了再种花椒。

"都是人家镇长的主意，我们哪里晓得种花椒。"

梁嬢嬢在山坡上的花椒园有二三十亩。一亩大约种七十株花椒。摘下的青花椒烤成干花椒，一株能产四斤左右。行情顺的话，梁嬢嬢一年的纯收入能有一两万元。这把年纪，在外打工是打不了啦。有个花椒园，也就能顾住自己了。

"梁嬢嬢，你开心不？"

"开心，当然开心了。每一年，从第一天剪花椒就开始开心了，天天乐得合不拢嘴。剪了花椒，就能卖钱。卖了钱就存起来。有钱能不开心吗！"

"梁嬢嬢，有什么事让你不开心吗？"

"子女不听话，天天气人。说他们他们就顶嘴，还得受媳妇的气，最不开心了。我告诉你啊，当老人的，自己手上要有钱，有钱了，子女对你的态度就好得多啦。"

# 3.2

## 从前，有一个村庄

从前，有一个村庄。这个村庄在大山深处，风景秀丽，交通不便。村里人日出而作，日入而息，过着不知秦汉、无论魏晋的世外桃源生活。

不过，村庄也不是完全与世隔绝。每年都会有一支外面的商队来访。这个商队从很远的地方来，走了很长的路，但这个小村庄是他们每年必来的。商队一到，还要表演魔术。其实，这是一位跟随商队的法师，在众人面前展示一些无伤大雅的小法术。孩子们最喜欢的，是法师的法杖朝天上一指，就有无数小小的烟花绽放。法术表演完，村里的人就全被吸引过来了。商队开始卖东西。他们带来的都是村里人从来没见过的稀罕玩意：可以把远处的东西变近的望远镜，可以把近处的小东西变大的放大镜，可以测量温度的水银计，可以计时的钟表。

法师和村里的族长很合得来，他每次过来都要和族长聚聚。两个人聊天，一聊就是整晚。法师说得多，族长听得多。法师从来没遇到过像族长这么好的听众。

两人最初见面的时候都是壮年。一年年过去，族长老了，法师也老了。有一年，商队又来的时候，法师跟族长说，他不走了，想留下来。

留下来干什么呢？

法师说，他一直想专心研究法术。他觉得自己能搞出很伟大的东西，但天天在外奔波，把时间都荒废了。法师说，他不想再跑了。

于是，法师留下来了。他每天都在自己的小屋里摆弄那些瓶瓶罐罐，还有很多奇怪的设备，有时候连着几天都不出门。

有一天，法师跟族长说："我搞出来了。"

村里人闻讯而来。法师拿出一个大家都没见过的东西，像梳妆镜，又比梳妆镜大一些。在本来应该安镜子的地方，是一片虚空。那虚空是混沌的，看不清后面的东西。

这是啥？

法师得意地说："我揭开了时间旅行的秘密。"

族长将信将疑："这怎么时间旅行？我钻进去，就到了另一个时间？这么小，我怎么钻进去？"

法师说："不是，我还没法把整个人都搬运到未来，但是，把手伸进这个魔镜，就伸到了未来。我可以从镜子里把未来的东西抓过来。"

他伸手进去。众人屏住呼吸。只见法师身体前倾，歪着脑袋，像在侧耳倾听。过了一会儿，他把手缩回来，手上多了一个新玩意儿。

这玩意儿比手掌略大，长方形，表面光滑，触手冰凉，掂着比棉花重，比铁轻，边缘上有不显眼的凸出的棱。不知道怎么碰了一下，这个小东西亮了。原来还有个屏幕。屏幕上先闪现出来一个苍白的苹果的图案，好像还被啃了一口。接着，又出现了很多小小的花花绿绿的图案，碰一下图案，又变出了新的画面。不过，变来变去，最后都变成了一片灰白，再也没发生什么。

旁观的人都追着问：这是啥？

法师心里有点慌。他故作镇定地说："这是一块被附了魔的刮痧板。"

村里人啧啧称奇。太神奇了，原来真能把未来的东西搬到现在。

有几个小伙子跃跃欲试。村里最聪明的小伙子叫小盖。他先试。小盖从魔镜里拽出一个小框框。对村里人来说，这又是一个新鲜玩意儿。

这是啥？

法师说："这是窗户，装在墙上，房间就会透亮。"

哦，小盖恍然大悟。从此，他成了建筑师，给村里的每一个房间都装上了窗户。小盖还说，你们大家用了我的窗户，就要给我交照明费。他每天挨家挨户去收照明费，成了村里最有钱的人。

村里长相最怪、胆子最大的小伙叫小马。小马也去试。他薅出来了一个像筛子一样的东西。

这是啥？

法师说："这是用来淘宝的，把沙子放进去筛，能筛出来金子。"

小马兴冲冲地走了。从那之后，村里人看见他每天都去河边淘宝，他也成了很有钱的人。

村里还有个胆子也很大、长得胖乎乎的小伙，叫小罗。小罗也去试。他把手伸进去，憋了半天劲，脸都憋红了。摸到啥了？大家都问。

小罗骂道："锤子！"

他摸出了一个已经走样的锤子。

法师跟大家解释："魔镜能把未来的收益拿回现在，但要到魔镜里拿东西是有风险的，有人成功，有人失败。像小罗这样，虽然没赚钱，但摸了个锤子，已经算不错了。运气更差的，不仅啥也摸不到，可能还会把手断在里面。"

大家惊得瞠目拆舌："乖乖不得了。"很多人本来也想试一试，听到这话，又退回去了。

法师对自己的发明颇为得意。他说："我把这种活动叫创业，干这种事情的人叫企业家。"[1]

看客里有人起哄："那小罗算企业家吗？"

法师说："谁说企业家一定要成功？敢冒风险的人就是企业家。"他想了想，又说，"不过，要想提高把未来的收益拿回现在的概率，还有个办法。钓鱼的时候得有鱼饵，鱼才会上钩。创业的时候也要有鱼饵，这鱼饵叫资本。金币就是一种资本。你手里攥着金币当鱼饵，伸进魔镜，就能吸引更多的未来收益。"

原来是这样啊。可是，村里人都不富裕，谁有多余的金币呢？搞不好，钓不到未来的收益，现成的钱也打水漂了。

人们七嘴八舌，议论纷纷。这时，坐在树下的一群人走了过来。他们和别的村民不一样。村里人都穿得很土，他们则衣着光鲜。他们的祖上都是有钱人，钱多得花不完。村里人习惯席地而坐，只有这群人坐在板凳上，所以村里人把他们叫作"板客（banker）"。

板客的首领说："这好办，我可以提供鱼饵。不过，我可是有条件的。谁想拿到资本，就要把创业的收益分给我一半。要是创业失败了，家里的房子、牛羊都归我，还有……"

族长看见他朝女人堆里瞄，狠狠地瞪了他一眼。板客首领很怕族长，硬生生地把想说的话咽了回去。

族长拿不定主意，皱起眉头问法师："你说呢？你觉得这么做妥不妥？"

法师讲话的时候有个习惯，他会把两只手摊开，先看着一只手说，再看着另一只手说。法师把左手摊开，看着左手，像是自言自语地说："一方面，能把未来的收益拿回现在，这是很好的。企业家没有资本，板客帮他们提供资本，这也是很好的。板客提供资本，收取一定的收益作为回报，按说也是合情合理的。"

"不过呢，"他又摊开右手，语重心长地对自己的右手说，"另一方面，板客也没办法消除创业的风险。没有板客的帮助，能创业的企业家就少。企业家少，总的来说风险就低。有了板客的帮助，能创业的企业家就多。企业家多了，总的来说风险就更高。"

他不再看着自己的双手，而是转向村里人说："别总想着好事。什么事物都要从两方面来看。有收益就有风险，收益高，风险也高。"

他回头低声跟族长说："先让他们干吧。出了事再说。会有办法的。"

法师这么说，族长也不好再反对，但他嘟囔了一句："我看早晚是要出事的。"

族长就是族长，他的担心不是平白无故的。

有一天，村里真的出大事了。

# 3.3

## 花椒节

5月28日是花椒节。在重庆市江津区，每年都是从这一天开始收花椒的。全国各地的客商都会来到江津区先锋镇，这里有一个远近闻名的花椒市场。我大约是早上九点到这里的，陪我过去的当地朋友说："人太少了，人太少了。可能是因为我们来早了。"

虽然没有到摩肩接踵的地步，但来的人并不算少。只是这个花椒市场比我想象中的还要简陋。简直就是个菜市场，但比我见过的很多菜市场都寒酸。

花椒市场里有VIP，他们是租了店面的客商，地位相当于鲁迅笔下鲁镇酒店里的长衫主顾。店铺是用砖墙砌出来的一个个单间，每个单间大约十平方米。有的店铺装了铁皮卷帘门，有的连门都不装。有的门口摆着分选机，个头不大，像个簸箕一样不停地抖动，筛出大小均匀的花椒粒。

除了VIP之外，还有散户。他们的地位相当于鲁镇酒店里站着喝酒的短衫顾客。散户买的都是站票。他们就站在市场中间的空地上，身边摆着一麻袋一麻袋的花椒。一麻袋能装一百多斤。也有人把花椒倒在地上，堆成了一座小山。

外地来的客商不少。我遇到了几个从山东来的小伙子。山东哪里啊？山东滕州。微山湖边上。他们手上拿着一根钢钎。钢钎在手，就像警察拿着警棍、教师拿着教鞭一样，不怒自威。把钢钎戳进麻袋，能带出藏在最底下的花椒，看一看，就能知道有没有掺假。我学着他们的样子选花椒：先一把抓起花椒，手感粗糙，并有扎手的干爽感。拨弄时有清脆的沙沙声，说明花椒的干燥度较好。拿起几粒花椒，轻捏就碎。仔细观察花椒，看它们是不是干裂开口了，里面还有没有籽，果皮的颜色是否白中带黄，或是白中带绿，颗粒是否大小均衡。凑到鼻子前闻一下，花椒气味鲜明清爽。丢几粒在嘴里，舌头微微发麻，有一种微电流流过的颤动，又像无数只蚂蚁在嘴唇上跳舞。

买吗？他们摇摇头：刚来，再看看。

花椒市场一年里只有半年开张，剩下半年都在休眠。整个市场仿佛刚刚醒过来，还带着惺忪的睡意。看的人多，买的人少。去年大旱，今年花椒歉收，按说价格要涨。但过去两三年，卖家手上囤的花椒可不少，说不定价格还要跌。再看看，看看再说。

柏油马路还没到花椒市场就到了尽头，花椒市场的外面是碎石铺成的小路。镇长就站在路边和两三个人聊天。他旁边是当地的林业高级工程师、九叶青花椒技艺传承人肖国林。他们的脚下是一片碧绿的稻田，远处围绕着青色的小山。没有停车场，车子横七竖八地停在路边。一辆小面包车想开出来，却发现被堵住了。司机从车窗里伸出手，把后视镜掰合，顺手又把迎面而来的轿车的后视镜也掰合。还是不行。还差一点点。这也难不倒他。只见他轻踩油门，用自己的车把左右两辆车撑开，钻了出来。他开走了，后面两辆车还在左右晃动。**在看起来没有路的地方找到出路，在看起来没有规则的地方适应规则。这就是中国风格。**

一个大叔模样的中年人在市场里钻来钻去，忽然看到农业银行营业网点的一个小姑娘。"王行长，你也来啦？"大叔亲热地打招呼。

"郑总，我正要找你。你到底要不要贷款啊？"

"要啊。可是你们还要我拿上证件去柜台，太麻烦了。"

"不麻烦啊。我来找你，现场办。"

"算了，太忙。再说，再说。"

丰源花椒是江津本地的一家花椒加工龙头企业，工厂就在花椒市场的后面。这几天，丰源花椒的老板杨华忠忙得不可开交。一拨客人接着一拨客人：北京的、上海的、陕西的、河南的……有的是采购商，有的是种子商，有的是加工厂，还有政府介绍过来的。一年中的其他时间好像都是在排练，现在才轮到了盛大的演出。

　　杨华忠带我去参观工厂。说是工厂，看上去更像一家规模较大的作坊。有仓库，有冷库，有车间，有产线。丰源花椒生产一系列青花椒产品：保鲜花椒、干花椒、花椒油、藤椒油、蒸肉粉、花椒芳香油……卖得最好的是保鲜花椒。花椒收获季节，所有员工都忙起来了。当天收割，当天加工。一颗颗青花椒进了工厂，先是生物灭酶，再经过超低温速冻，然后是分装、抽真空、冷藏，成了一袋袋保鲜花椒。低温冷冻之后，保鲜花椒的保质期有两年。

　　餐饮行业恢复了吗？都是谁在买青花椒？

　　杨华忠说："北上广一线城市经济复苏较快，重庆当地市场恢复得慢。大订单还是来自连锁餐厅。海底捞的订单很大。做酸菜鱼的九毛九——太二酸菜鱼就是它家的——也是我们的大客户。还有一家，鱼你在一起，短短六年内在全国开了近两千家店。我们去上海的时候看到，进它家的店要排队。它家去年和前年从我们这里订了5000件，今年订了15000件。"

　　杨华忠掰着指头帮我算账：1件是35包，一包保鲜花椒有7两。15000件，大约就是180吨。

　　他补充说："我们这几年，做电商也做得不错。"

　　"电商？杨总你是怎么想起来做电商的？"

　　杨华忠说："一开始只是响应政府号召。商贸委有任务，就来跟我说，杨总，做电商吧，做得好我们支持。我说，政府支持，那就做吧。我把我儿子叫来了。他在上海开了一家游戏公司，做手机游戏。我说，游戏行业行情不好，不如你帮我做电商吧。这对他来说轻车熟路。当年，我们的线上销售额就超过了 500 万元。在淘宝上，我们卖的鲜花椒销量全国第一。后来，江津区要选电商做得好的，选了江小白和我。"

这是我这几年在调研中时常看到的一个小趋势：做新兴行业的子女回来帮助做传统产业的父母。在海外多年的子女回国继承家业，学 IT 的子女帮父亲养猪，做手游的子女帮父亲做电商。新兴行业未必常新，传统行业未必过气。父与子，今与昔，浮与沉，碰撞与交汇……

杨华忠说："你不是住在江津大酒店吗？明天要在那里举办'花椒贸洽会'。政府搭台，企业唱戏。要不，你也来吧？"

他又说："明天，一定要来哦。"

会场的外面摆着一盆盆花椒树。会场里面的布局有些独特。可能因为主席台摆不下那么多座位，会场布置改为一个圆桌，围坐着重要嘉宾，其他嘉宾一排排坐在圆桌的旁边。会场里坐满了人。有人进，有人出。就算在领导发言的时候，会场一样很热闹。没人太在意领导讲话。领导也不在意。领导讲话很简短，三五句话说完，话筒就交给了行业代表和专家。行业代表念发言稿，专家讲 PPT，听众忙着刷手机打电话。

这是我们再熟悉不过的那种会议。我们熟悉它们的气氛、节奏、议程、礼仪。我们对它们太熟悉了，所以不会因为会议的正式而觉得正式，也不会因为主题的不同而觉得陌生。这样的会议更像是角色扮演，有着固定的程式和固定的模板。但是，不同寻常的地方在于，每个演员似乎都在扮演另一个角色：领导是报幕员，企业家和专家是表演者；企业家总要谈谈制定政策，官员总要谈谈管理企业；专家不像专家，他们更像推销员。他们讲的都是市场前景、竞争格局、产品策略。当然，还要讲到"我受到领导的接见""领导给我的批示"……

这一切让我们有点昏昏欲睡。

直到有一天，当这样的会议在我们的身边消失了，我们才能真正体会到它们的不凡意义。

# 3.4

## 为什么需要积极的货币政策

企业家创业，就像时间旅行。银行为企业家提供资本，就像是开了个时间旅行社。资本的原型就是货币，货币发行的源头是央行。说到央行，你可能会问，为什么我们的寓言里没有讲到央行呢？因为说到央行，故事就变得太复杂了。

其实，也不复杂。宏观经济学告诉你，货币就是凭空创造出来的。央行就像是个法师，法杖一挥，货币就创造出来了。简单是简单，但很难令人接受。事实上，对很多人来说，这是两个最难接受的宏观经济学命题之一。下一章，我们再讲之二。

当然，货币并不是央行随心所欲，想怎么发就怎么发的。货币的发行要由经济活动而起。买家和卖家需要交易，就要有货币，货币充当的角色是交易媒介。价值想在时间中转移，也需要货币，现在的收入可以通过储蓄留到未来，未来的收入可以通过投资折成现值，货币充当的角色是价值贮存。

我们所说的凭空创造，是指货币的发行既不需要实物，也不需要黄金，甚至已经不需要纸。货币代表信用，信用来自信心。货币和信心一样虚无，也一样真实。

这怎么可能？要是央行挥挥法杖就能创造出货币，她会不会不受控制，搞出太多太多的货币？那不就该出现恶性通货膨胀了？

这可不一定。以中国为例，从2000年到2022年，中国货币（这里指M2 $^2$）供给的年均增速为14.4%，而GDP的年均增速为8.42%。这乍看起来是很可怕的。想象一下，河堤的高度是8.42米，河流的水位却高达14.4米，那还不漫出来，引发洪灾？

还真没有。在这二十多年里，中国的CPI年增速是2.17%，通货膨胀根本就没有起来。这是为什么呢？因为有大量的水渗到了地下。M2的主要组成部分是个人存款和单位存款。过去二十多年里，个人存款和单位存款（主要是企业存款）都大幅增加。河水涨得快，但朝下漏的速度也快，所以才没有泛滥成灾。

那为什么存款增长速度这么快呢？个人存款的增长速度快，一是因为未来的不确定性太多，又没有完善的社会保障体系，居民心里没底，所以增加了很多预防性储蓄；二是因为中国的金融体系不发达，居民省下钱来，大多存在银行，买股票、债券、养老金的比例很低。梁孃孃的钱都存在银行，而且大部分都是存的定期。她想不出来还能把钱放在什么别的地方。

为什么企业存款的增长速度也这么快呢？因为很多企业，尤其是民营企业、中小企业很难从银行贷到款。花椒市场上的小商小贩，还有在花椒市场外面摆摊的摊主，大多没有从银行贷款的经历。我还听过不少民营企业家自豪地说，自己从来没有向银行借过钱。可是，企业总要投资吧，那就只能靠自己积累了。这些年又是企业发展速度最快的时候，固定投资的增长速度很快，于是，越是要投钱，越得要攒钱。

所以，货币供给的增长速度这么快，却没有引发高通货膨胀，是因为决定货币供给，从而最终决定通货膨胀水平的不只是央行。为什么老师布置的作业越来越多，学生的成绩却没有相应提高？为什么你开的那辆旧车耗油越来越多，车速却没有越来越快？你心里明白得很。

所以，你可以说，真幸运，决定货币供给，从而最终决定通货膨胀水平的不只是央行。但是，你也可以说，真不幸，决定货币供给，从而最终决定通货膨胀水平的不只是央行。这正是有的人不支持积极货币政策的原因。他们的理由是：企业不愿意投资，居民不愿意消费，都不响应号召，采取积极的货币政策又有什么用？不仅无法刺激经济增长，还会引发通货膨胀压力，最终不就是滞胀吗？我来帮着翻译一下，这种观点相当于说：孩子都不愿意学习了，老师干吗还要上课呢？

你还能听到一种观点。这种观点说，货币政策是一根绳子。

什么意思呢？绳子是可以拉的，但是不能推。据说，货币政策也一样。如果经济过热，出现了通货膨胀压力，货币政策可以拉，无非就是紧缩银根。如果经济过冷，出现了通货紧缩压力，货币政策就没法推了，推不动啊。出门朝左，有发改委和财政部，要不，请他们想想办法吧。

这种说法并不准确。货币政策当然不是一根棍子，但也不是绳子。货币政策是一条狗。

更准确地说，货币政策是在没有路灯的晚上，领着醉醺醺的主人从小酒馆里出来，要往家里走的那条小狗。主人已经认不清路了，但小狗记得回家的路。小狗在前面带路，主人在后面跟。要是小狗跑得太快，主人会跟不上。要是小狗跑得太慢，掉到主人的后面，主人会走错路。好的货币政策，应该是一条忠诚而聪明的小狗。而且，这条小狗应该相信一点：只要耐心地带路，主人就能跟上来。主人的脚步踉踉跄跄，小狗围着主人来回打转，留下的脚印同样凌乱，但小狗心中有数。

从这个角度来说，货币政策不可能精准。很不幸，货币政策不是滴灌，而是大水漫灌。但你也可以说，幸好，货币政策不是滴灌，而是大水漫灌。因为滴灌很难操作，大水漫灌很好操作。水过地皮湿，多少总会有效果的。浇水不浇水，这是一阶问题，怎么浇水更节约，这是二阶问题。只要浇水，一定有用。

何以见得呢？张斌、朱鹤和钟益做过一项研究，他们想做一个估算：如果央行把政策利率[3]降到零，会对中国经济有什么影响？[4]

你可能会想到，利率降低，企业就会增加投资，于是，经济才能实现增长。未必如此。影响企业投资决策的更重要的变量是对未来的预期，次要变量才是利率。也就是说，企业只有对未来很乐观，才会增加投资。

张斌、朱鹤和钟益的研究讲的是另外一个影响机制：假如政策利率降到零，居民和企业在不抬屁股，也就是对政策毫无反应的情况下，可以得到什么好处？这个好处是债务成本会下降，还钱的压力小了，能花的钱就多。用经济学的术语说，居民和企业部门的资产负债表就能改善。

按照他们的估算，中国的居民、非金融企业部门和政府部门的债务规模分别是 74 万亿元、161 万亿元和 120 万亿元。假设央行把利率从 2% 降到 0，粗粗一算，这三个部门每年减少的利息支出分别是 1.48 万亿元、3.22 万亿元和 2.4 万亿元，加起来是 7.1 万亿元。中国 2022 年的 GDP 规模是 120 万亿元，节省的利息支出约占 GDP 的 0.6%。

这还没完。如果利息支出减少，企业的净利润就会增加，正常的话，股票价格就会上涨。按照历史经验，如果利率下降 1%，股价会上涨 8%。于是，上市公司的流动性就会增加，持有股票的家庭就会更有钱。当然，钱存了定期、买了理财和货币基金的家庭会损失一部分利息收入。两相冲抵之后，估计居民部门净增的收入在 7 万亿到 11 万亿元。

那要是居民和企业把屁股抬起来了呢？也就是说，如果企业愿意增加投资，居民愿意增加消费了呢？假设只有一部分人抬了屁股，让我们来猜猜他们是谁。一定是现金流最紧张的那部分企业，一有钱就要赶紧花出去，比如房地产企业、地方平台企业等。那剩下的人会不会抬屁股呢？这要看信号是否明确。假如市场收到了政策信号，相信刺激政策有用，大家就会行动起来，于是，积极货币政策的效果就会更加显著。

那么，把利率降到 0，市场究竟能不能看明白呢？这个问题，由你来回答。

当然，这个研究中的估算是非常粗略的，还有很多具体的技术细节需要讨论。张斌和朱鹤还做过一个更为详细的分析，你如果有兴趣可以参考。[5] 当然，你可以认为降低利率的刺激作用比他们估算的更大，或者更小。但我想，这个估算至少可以告诉我们一个道理：积极的货币政策是有用的，它会以一种大水漫灌的方式，让所有跟钱沾边的人都受到影响。家里有房贷的，还贷的压力更小。企业节省了利息支出，手头更加活泛。政府发行新债的成本也会降低，积极的货币政策帮衬了积极的财政政策。

可是，这样搞，企业不就要盲目借钱、盲目投资了吗？最后，银行的坏账不就越来越多，不就该发生金融危机了吗？

可是，这样搞，资产价格泡沫不就要起来了吗？等泡沫破灭之后，不就该发生金融危机了吗？

可是，这样搞，人民币不就要贬值，资本不就要外逃，不就该发生金融危机了吗？

别急，稍后我们接着讨论。

# 3.5

## 红油兔

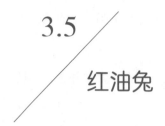

邹刚说："我们做菜的时候都不用重庆的花椒。我们用云南的花椒，大红袍。云南的花椒更出味。"

说这话的时候，我们正坐在邹刚和他的合伙人甘总一起开的餐厅"味道南华"里。桌子上摆满了盘盘碗碗：葱香汁拌山药、杏仁脆皮番茄、金牌酱鸭舌、匠心花椒牛腱、辣子鲍鱼牛肝菌、黑虎虾金丝塔塔、清蒸兰州九年百合、蜂窝香椿鳕鱼、黑豚肉蒸海蟹、八秒爆炒黄牛肉、土猪排骨焖鲍鱼、船丁子、茉莉花香煎鹅蛋、瑶柱油焖胡萝卜、玫瑰鲜花包、药膳土鸡汤……

这里是重庆，美食的天堂，味蕾的放纵之地。菜肴永不重样，但有一个不变的主题：麻辣。如果你推辞说自己不吃麻辣，重庆的朋友会用无比怜悯的眼神望着你，并用最妥协的语气说，好好好，那就上鸳鸯锅。辣，是一种刺激，让你满头冒汗，欲罢不能；麻，是一种诱惑，让你双唇微颤，欲说还休。

重庆的厨师都是用花椒的高手。辣子鸡、毛血旺，用红花椒，麻味更重；椒麻鸡、青椒兔，用青花椒，色泽更艳。火锅的底料不能用青花椒炒，容易让汤色发黑，要用红花椒炒。花椒不耐高温，中低油温才能让麻味慢慢释放出来，温度太高，会有苦味。重庆厨师用花椒，论"把"，三五把花椒，随意朝菜里丢。四川厨师的用量减半。

入夜时分，华灯初上，重庆的大街小巷里，高中低档餐厅一齐开张，杯觥交错，笑语欢歌。站在街上，就能闻到空气里满满的都是花椒的芳香。这香味飘到了全国各地。重庆的一位厨师自豪地跟我说："中国人吃辣，是重庆人带出来的。"

好吧，就算他说得对，但在这样的地方开店，就像是到贵州卖酒，去新疆跳舞，是需要勇气的。重庆人口味挑，变得快。在这里开店，火得快，倒得也快。想要生存下来，就要不停地变，不停地想办法。

开什么店好？这要问邹刚。邹刚从小跟着父亲学厨艺。十二岁学片鱼片，十五岁入行，去过山西、北京，在广东待过七八年，到 2005 年回到了江津，2011 年开了自己的店。他刚好赶上了厨师创业的风口。之前，厨师基本上没有什么创业机会，没有钱，没有人脉资源，生意不好做。2012 年，"八项规定"来了，以前靠公款消费支撑的大酒楼倒了一批，才有了小餐厅的机会。

邹刚说，餐饮业又分好几条赛道，想要开餐馆，先要选好自己的赛道。快餐的市场份额最大，但竞争也最激烈。想做快餐，就要开连锁店，投入资金多，对管理水平的要求更高。快餐再往上是休闲餐。休闲餐再往上是正餐。正餐又分不同场合：要么是家宴，要么是商务宴请，最高是国宴。正餐可以做得很高档，但高档更适合小众，比如私房菜，做一家玩玩可以，做大很难。

那火锅呢？

火锅比较独特。好处是省了厨师的费用。现在，开火锅店的太多了，都已经形成了一条产业链。底料是现成的。配菜，比如毛肚、黄喉、鸭肠，都标准化了，塑料袋装好，拿来剪开就能上桌。火锅拼的是服务。邹刚说："我不开火锅店。火锅店利润太低，分不到钱。"

他觉得未来最有希望的是休闲餐，而且要走低档路线，因为疫情之后，消费降级了。邹刚说："我们在小西门那里有个店，没有疫情的时候，中午要翻一次台，晚上要翻好几次。后来人越来越少，先是中午坐不满，再到后来，晚上都坐不满了。"

他指了指我们的包间："像这种店，以后就不好开了。"

他指的是中高档餐厅。味道南华的人均消费在120元到150元。江津能消费这种地方的，大多是商务人士宴请，请客的人不想去大排档，也不想去五星级豪华餐厅，到这里来，既有质感，环境又舒服。但是，这样的客户群毕竟不大，所以没有办法大规模发展。

也有年轻人愿意来。年轻人要的是场景：灯光暗一些，小资情调一些。但是，像这样开在商业综合体里的餐厅其实不划算。好处是位置好，交通方便，顾客好找，容易打出名气，但成本太高。还有，到了晚上十点，商场就要关门，电梯也停了，黑灯瞎火的。可是这个时候年轻人的夜生活才刚刚开始。

这些年来，重庆人的口味有变化吗？

有。原来，重庆人就是麻辣一种口味。后来，出去的人多了，见识广了，各种口味都能接受。

邹刚说："像我们做的就不是纯正的重庆菜。我们是融合菜。在融合中有创新。创新其实很简单，拿来改造一下就行。像这道红油兔，就是我们这儿的地方名菜，铜梁的三活兔。我让厨师去铜梁吃了一次，也没有那么多技巧，他们回来就把它做出来了。尝尝，尝尝。"

## 红油兔

原料：兔肉 500 克，食盐 10 克，鸡精 20 克，天厨味精 20 克，青花椒面 30 克，白糖 30 克，瓦岗香醋 50 克，农家菜籽油 1300 克，大豆油 500 克，猪油 200 克，干青花椒 30 克，干辣椒节 60 克，自制辣椒面 10 克，啤酒 100 克，鸡蛋清一个，红苕粉 1 勺，小葱和油酥花生米若干。

制法

1. 选用一只杀好的鲜兔切成一厘米见方的小丁，加入食用盐、啤酒、鸡蛋清腌码，最后加入农村自制红苕粉。

2. 准备小料和调料。小料：小葱头和油酥花生米。调料：食用盐、鸡精、天厨味精和青花椒面。将调料放在一个碗内，另准备一个碗，加入白糖和瓦岗香醋搅拌调匀。

3. 锅中加入农家菜籽油、大豆油、猪油，烧至 180℃ 左右油温，放入腌码后的兔丁炒至金黄色。

4. 下入姜蒜末、青花椒、干辣椒、自制辣椒面烧香，放入提前备好的小料和调料。

5. 搅散后放入糖和醋。

邹刚说："单做餐饮不赚钱，我和甘总商量过了，要开酒店。江津的维也纳国际酒店是我们开的。我们在成都还有一家。接下来，我们要在江津开一家喜来登。酒店投资一般要四年回本。这算比较正常的回报周期。我们想，再加上酒席，搞个婚礼堂，那两三年就能回本。"

所谓的婚礼堂，是为婚礼提供一站式服务：婚纱、摄影、主持、酒席，全都包办。婚礼堂的利润率比餐饮高，但是，这个风口可能很快也要过去。年轻人越来越少，要结婚办酒席的年轻人更少。以前，农村办酒席，动不动就八十桌、一百桌，后来变成五十桌、六十桌，现在能有三十桌就不错了。

邹刚无限感慨地说："当年我们在贵州习水，那里的酒席才叫夸张。就说习水人盖房吧，挖地基办一次酒席，上梁办一次，盖好了还得再办一次。有事没事，他们都想办个席，耍耍酒，请一群朋友。有人开玩笑说，买双鞋子都要办一次酒。别人办了，你就也得办。去参加别人的酒席得随份子，也不少，一次至少五六百，吃也吃不了那么多。怎么办？你就会想，我也得办，我要把花的钱收回来。"

邹刚又说："吃完了他们还不走人，留下来打麻将。我们就动脑筋，另外放了好多麻将桌。这样我们翻台率就高，你看我们只有三十桌，但那是流水席，有人走了有人又来，从早上吃到晚上，还要加夜宵。这样，我们晚上的收入又多一些。那生意是真好做，就是苦了我们派去的厨师，一天到晚都在炒菜，停不下来。厨师都受不了了。"

他想起来一件事："当地还有个讲究。办酒席的，最后一道菜一定是鸡蛋汤。我们叫'滚蛋汤'，喝完了，就该散了，都滚蛋吧。"

他指着桌子上的一碗汤说："哎，这个也是鸡蛋汤，可不是让你们滚蛋的意思啊。"

这是当地的民间名菜"烘蛋汤"。柴火土灶，烧热之后，借着余温，把鸡蛋加水调好，倒进去盖上盖子，没有明火，但有温度，像烘烤蛋糕一样，把蛋的底部烤出一点锅巴，味道好极了。

---

## 烘蛋汤

原料：鸭蛋6个，盐8克，水500克，色拉油400克，猪油400克，干青花椒和姜米若干，鸡精适量。

制法

1. 鸭蛋打碎，放入盐和水调匀。

2. 锅中倒入色拉油烧热，倒出色拉油，再放入色拉油和猪油，倒入调好的蛋液。

3. 煲仔炉上加小火加盖烘8—10分钟。

4. 用刀在锅中将蛋切成5厘米见方的正方形，放入干青花椒和姜米。

5. 放入清汤烧开，加入盐和鸡精，放入青菜起锅。

注意：烘蛋的时候一定要盖好锅盖，切蛋的时候只能在锅中切，不能倒出来，不然会碎。

我追问："那留在贵州发财不好吗？"

邹刚说："后来赚不了钱啦。政府不让办宴会了。政府开始打压办酒，先是劝说，你们这样办酒是不行的。后来政府直接上了，说谁办酒席我查谁。还办酒席，就直接把客人赶走，或是把礼金全部没收。政府那几年真是下了决心。我们的生意就不温不火了，关也不是，不关也不是。"

做什么生意，都离不开政策。


回首往事，邹刚总是云淡风轻。

当然，谁都知道，做生意不容易，尤其是做小生意不容易。我忽然有一个感悟：像邹刚这样的"小生意人"，颠覆了很多传统的商业理念。

办企业，都希望做大做强，都希望快速发展，都希望基业长青。所有的种子都想长成参天大树，但大自然是苛刻的，没有给所有的种子一样的机会。大自然又是慷慨的，她让物种多种多样。小草一样有生存的机会。"小生意人"就像小草一样生生不息。

谁说企业必须做大做强？做小生意的知道，小而美、小而精更适合自己。

谁说企业一定要快速发展？赶上机会快跑几步，赶不上机会就休息一阵。找好节奏更重要。

谁说企业一定要基业长青？很多"小生意人"的创业都是旋

生旋灭。搞一摊事没成功，倒闭了，没关系，再搞一摊。他们是连续创业者。从宏观数据来看，他们是失败者，是无数活不下去的小微企业，但宏观数据是不对的。它无法告诉你，那些看似失败的"小生意人"又站起来了。把他们一生的奋斗连起来看，你就能看到他们并不是失败者，而是成功者。他们白手起家，从无到有，买了房买了车，养活了家庭，创造了就业机会，改变了自己的人生。

离离原上草，一岁一枯荣。虽然资源有限，但是还要努力生长，他们才是中国经济真正的脊梁。


酒过三巡，甘总忽然忧心忡忡地说："会不会有一天打仗呢？要是打起仗来，餐馆就没得开了。"

邹刚说："你发愁那些干吗？我告诉你，打仗了也有办法赚钱。咱俩不开餐厅了，赶紧去种菜。"

# 3.6

## 需不需要担心金融危机

先说一个坏消息：如果是真正的市场经济，那金融危机就是避免不了的。剧情大致是这样的：先是出现了信贷扩张，然后市场从乐观变成过度乐观，接下来只要有个风吹草动，市场就会从过度乐观变成过度悲观。[6]从乐观到过度乐观需要的时间长，从过度乐观到过度悲观需要的时间短。从乐观到过度乐观，犹如十月怀胎。从过度乐观到过度悲观，就像一朝分娩。也就是一瞬间，市场情绪就会逆转。

但是，中国距离金融危机很近了吗？没有。如果是一部二十集的电视连续剧，那现在连第二集都还没到。我们连乐观都没有，何来的过度乐观？

可是，利率下调，银行赚的钱不就少了？这会不会影响到银行的资产负债表呢？银行赚的钱是利差，也就是贷款利率和存款利率之差。要是贷款利率下调，存款利率也一样下调，两相抵消，对银行就没有影响。当然，一般来说，贷款利率更灵活，存款利率不好调，所以银行的利差可能缩小，那赚的钱就少了。可是，别只低头算这个账。从宏观来看，利率下调，那就是经济动员的号角，企业的信心提高，又受到利率降低的吸引，贷款需求就会增加。银行是个典型的顺周期行业，宏观经济好转，银行的坏账就少；宏观经济恶化，银行的坏账就会增加。你说，银行应该算小账，还是算大账呢？

可是，利率下调，投机盛行，不会出现资产价格泡沫吗？你想多了。房地产狂飙突进的时代已经结束。房地产企业不可能再维持高杠杆、高周转的模式。居民也不再迷信房价只涨不跌的神话。人口老龄化这一慢变量的影响逐渐凸显：要是人人都想退休的时候把大房子卖掉，换个小房子，用剩下的钱养老，卖房的人就越来越多，买房的人越来越少，房价怎么可能暴涨呢？

所以，如果真的出现资产价格泡沫，大概率是股票价格上涨。要是股票价格上涨，大概率是因为投资者押宝新技术，形成了一波又一波投机狂潮——是5G吗？不是。那是自动驾驶吗？还不是。会是VR和AR吗？不像。那是比特币吗？妈的，更不是。那一定是AI了——这样的泡沫和单纯炒房引发的泡沫还不太一样。这样的泡沫加速了新技术的投资，围绕着新技术的新型基础设施能更快建成，这就为新技术的到来铺平了道路。是泡沫总会破灭，但这样的泡沫没了，啤酒还在。这正像当年投资铁路的人大多赔了钱，但铁路铺成了；当年投资 dot-com 的人赔了钱[7]，但互联网建成了。所以，如果有新技术革命，而新技术革命能带来劳动生产率的大幅提高，从宏观来看，我们其实不必过虑。

可是，利率下调，中美利差扩大，人民币不就会贬值吗？我们首先需要讨论的是，货币贬值是不是一件坏事？答案取决于你站在价格的哪一边。如果你是进口商，你当然不愿意看到本币[8]贬值；但如果你是出口商，你会发现，本币贬值后，东西卖得更便宜，价格竞争力提高，出口就会增加。所以，大部分新兴经济体并不害怕本币贬值，因为它们都是出口小能手，但它们害怕本币大幅度贬值，因为这会引发资本外逃。这是经历了1997—1998年东亚金融危机，以及2007—2008年全球金融危机之后，各国政府学到的一课：完全的资本账户自由化[9]是有风险的，必须进行适度的资本管制。资本管制是一道防火墙，能在一定程度上阻断无序的资本流动对本国经济的冲击。拿中国来说，2015年汇率改革之后，就出现过一波资本外逃。从那之后，中国资本管制的防火墙明显加固了。

退一万步讲，如果真的出现了金融危机呢？该怎么对付那些出了问题的金融机构？

答案只有一个字：救。

这会让很多人不服气：搞金融的就像一群熊孩子，总惹麻烦，不把他们扫地出门就够仁慈了，凭什么还要央行去救他们？

让我先告诉你为什么会出现金融危机。

在传统的金融模式下，银行每办一笔贷款，都要认真地审查。银行审查的是抵押品。要是抵押品充足，银行的贷款就比较安全。可是，抵押品的价格是随行就市的。也就是说，行情好的时候抵押品的价格都高，行情不好的时候抵押品的价格都低，这个谁也控制不了。所以，银行的风险控制就变成了：晴天的时候借给你一把雨伞，到了雨天就把雨伞收回来。如果所有的银行都不愿意放贷，甚至抢着收回贷款，市场就会恐慌。而出现恐慌之后，就没有哪家银行能独善其身，金融危机就是在所难免的。

我再告诉你一个非常重要，但经常被忽视的变化。过去，银行的业务相对简单，一手拉存款，一手放贷款。理论上讲，银行有充裕的时间对具体客户具体分析，去做尽职调查，去看资产质量。但是，现在的银行不一样了。现在的银行要想获得资金，不用完全依靠传统的存款，还可以从同业拆借，或是进行回购。相对于传统的零售业务，这些银行间的交易又被称为批发业务。同业拆借不需要抵押品，回购是把卖出去的债券（一般是国债）买回来。这些批发业务的规模太大、速度太快，没有哪家银行能一笔一笔去核查。你只能随大流，跟着人群朝前走。这就像行军时，要是有人停下来系鞋带，那队伍就乱套了。于是，大家都默认交易对手和抵押品是没有问题的，这是批发业务能够运转的前提条件。那要是信心消失了呢？就像电影院里有人喊"着火了"一样，瞬间就会出现踩踏。这就是现代金融体系的"阿喀琉斯之踵"。[10]

你看，还是会出现恐慌，金融危机还是在所难免。

为什么出现了金融危机的苗头，政府就一定要救市？这个问题其实讨论得很多了。原因很简单：金融危机是一种自我实现的预言。不救，整个金融体系就会崩盘。金融体系崩盘，整个经济体系就要跟着遭殃。所以，不仅要救，而且出手要快，力度要大，尽可能放大招，才能把金融危机的伤害最小化。[11]

我想在这里进一步讨论一个问题：要不要区别对待好孩子和熊孩子？这样做似乎更符合道德要求。那么，能不能让央行昭示，说我可以救你们，但谁来找我，我就要把谁拉到黑名单里？

道德家总是会以看起来正确的方式把事情做错。假设出了问题的金融机构必须上黑名单，才能从央行获得救助，它们就会先犹豫。是的，向央行求援，能够得到帮助，但这就会让它在众目睽睽之下变成熊孩子。于是，大家都会躲它远远的，只有债主会纷纷上门讨债，问题就变得更糟糕。而且，央行又不是无条件、无限度地帮它，那它干吗要去求救呢？出于这样的考虑，出了问题的金融机构就不会求救，央行的救市计划就要落空。最后，纸里还是包不住火，出了问题的金融机构不仅无法自保，还会把更多的同行拖下水，金融危机会蔓延得更广。[12]

我再来讲个历史小故事，你听完会理解得更清楚。这个故事出自《说苑》。楚庄王有一次宴请群臣，有个大将喝多了，调戏楚庄王的妃子。妃子把那个大将的帽缨拽掉了，跑到楚庄王那里告状。楚庄王反而说："今天要喝个痛快，来来来，大家别拘束，都把帽缨拽掉。"楚庄王的做法就是故意模糊信号，从而维持信心。有时候，不说出真相，比说出来更好。

我知道，这打消不了你的顾虑。这样做，不就纵容了熊孩子们，他们不就更无法无天了吗？是的，你的担心是有道理的。但是，从根本上解决问题，很可能要靠事前的监管，而不是事后的惩罚。这就是为什么孔子要告诫我们，不要不教而杀、不戒视成、慢令致期[13]。有没有可以预防金融危机的灵丹妙药呢？没有。但是，在经历了全球金融危机之后，各国政府都在反思，怎样改善金融监管，怎样让政策工具更多一些，怎样更有远见、更加主动……

但是，你会说：但是，但是。

# 3.7

## 小王行长

一条冷清的小街，一座破旧的居民楼。一楼底商的一个门脸，就是中国农业银行重庆分行江津支行在先锋镇的营业网点。门口蹲着几位老农摆摊卖玉米。沿街的黑色垃圾桶里装满了剥下来的玉米皮。一眼看去，这个营业网点的选址真是太不用心了，怎么会挑个这么偏僻的地方？

不，这个选址大有讲究。门前这条街是当地的集市，二五八赶集，也就是说，每个月的 2 日、5 日、8 日、12 日、15 日、18 日、22 日、25 日和 28 日，都有集市。赶集的时候，周边的农民挑着担、开着车就过来了。整条街上密密麻麻，全是摆摊的。卖菜的、卖鸡蛋的、卖山货的、卖土鸡的、卖杂货的，热闹得很。卖完自家的货，农民会在街上转转，采买家里需要的东西，要是不买东西，就转到农行的营业网点把钱存起来。这条街上还有个公交站。老年人坐公交不用花钱，他们成群结队地从江津城区坐车赶来，到这里买菜。城里的老太太和乡下的老太太讨价还价，拉拉家常。这附近是先锋镇人气最旺的居民小区之一，学校和医院离得都近，生活方便。

当你到了基层，要是觉得这个不妥、那个不当，你一定要先熟悉一下当地的情况。越到基层，越容易找到均衡：经过反复地磨合、不断地重演，各种细小、微妙的因素都已经被考虑到了。就像我的书桌，看似杂乱无章，其实井然有序。

像这样的基层营业机构，截至 2022 年年底，农业银行在全国约有 1.9 万家。农业银行的营业网点不算最多，最多的是邮政储蓄银行，有近 4 万家。工商银行约有 1.6 万家，建设银行约有 1.5 万家，中国银行有近万家。[14] 在中国大大小小的城市里，这样的营业网点比比皆是。它们刻意地让自己千篇一律。你不会过多地关注它们，你也不用去找它们，它们就在身边。这些营业网点，你抬头就能看见，看过就会忘记。

它们是中国金融体系的毛细血管、神经末梢和 DNA。如果这里的钱没有流动起来，中国金融体系的资金就无法正常运转。如果这里感到疼，中国金融体系就要准备应对实体经济的冲击。麻雀虽小，五脏俱全。每一个这样的小小的营业网点，都复制了一套中国金融体系的生命密码。

农业银行在先锋镇的营业网点有七个员工。一位行长，是网点负责人。一位管内勤的副行长，负责柜台运营。一个客户经理，一个大堂经理，三个柜员。小王行长是网点负责人。她看起来像个刚毕业的大学生，瘦瘦小小，文静害羞。2008 年，小王从位于重庆北碚的西南大学毕业，被农业银行重庆分行录取。分行再把新员工分派到各个岗位，小王是江津人，就被分配到江津支行。她之后的个人经历就像一个模板，可以在无数银行职员的简历里复制粘贴：先下基层，再回机关，锻炼之后再下到营业网点。小王行长 2017 年开始到营业网点当行长，三年一轮岗，换了好几个地方，如今到了先锋镇。

这是一个不易被察觉的变化：基层的活儿好干了。原来的基层更像江湖，只滋养剽悍的人生。如今的基层更像机关，办什么事情都按部就班。银行要搞好和当地政府的关系，但这不难，有事直接找他们办事就行，没必要刻意拉拢关系。银行要拉存款，竞争非常激烈，但传说中那种必须陪客户喝酒、一杯 1000 万存款的故事，听是听说过，可从来没见过。量力而行，不喝也行。银行要放贷款，最好做的都是老客户，知根知底，更为熟悉。有事没事，给他们打个电话，了解一些他们的需求，这就算维护客户关系了。当然，用心才能做得更好，但其实也不难，用户要的就是个存在感，不会提非分的要求。小王行长在另一个网点工作时，有一天，碰到了一对做生意的夫妻。大姐很生气，要把存款都取出来，转到另一个银行。怎么回事？小王行长一打听，原来是银行搞活动，有礼品，但她老公却没领到。原来这样啊？送，多送。

一来二去，这对夫妻成了小王行长最忠实的客户。

基层网点的业务相对简单，大概也就几种情况。像梁孃孃这样的农户要存钱。到了赶集的时候，或是花椒收获季节，网点的大堂里就挤满了梁孃孃们。春节、五月六月的花椒节是最忙的，一天能叫到一百多个号。像杨华忠这样的企业家要贷款。和花椒收购、加工有关的贷款都有季节性。花椒收获季节是用钱的高峰期。小王行长和同事就要提前准备，打电话问客户要不要贷款。不主动不行啊，邮政储蓄银行和农村商业银行也虎视眈眈地盯着这一块，人家的信用额度还比我们高。一笔笔贷款，全要一步步走程序，这几天得天天加班，累得要吐了。像邹刚这样的生意人也要贷款，但他们没有别的抵押物，只能用自己的房产做抵押。也不是所有的生意人都能成功，审贷、放贷，都战战兢兢、如履薄冰。

这是一个经典的金融难题：银行找不到客户，客户说银行不理他们。一种流行的说法是：小微企业的风险太高。这可真不一定。比如说，你到农贸批发市场上走一圈，就能发现那里面藏龙卧虎。能在一个农贸市场干了十几年的人，只要没有赌博吸毒嫖娼的恶习，都是又有钱又可靠的客户。有恶习的混不到今天。这些生意人经历的大风大浪太多了，能活到今天的，都是最勤奋、最有商业头脑、最有风险意识的人。

那为什么不贷款给他们呢？因为他们的贷款需求往往很特殊。比如，进货的时候需要一大笔钱，而且说要就要，不能拖。货卖出去了，他们又火急火燎地要还钱，不想欠银行的债。他们手上有货，不能拿来当抵押品吗？这太难了。他们的货都是蔬菜瓜果、鸡鸭鱼肉……五花八门，不易保存，不易追溯，不易标准化。不是有大数据吗？是有，但大数据几乎都在 IT 企业的手里，银行反而拿不到太多。IT 企业想自己干互联网金融，他们和基层营业网点离得太远。与此同时，从支行、分行到总行，层层向上，不断集权，营业网点的主动性越来越少。这就好比在战场上，无人机看得更远，但它们想单兵作战。指挥部在大后方，看不到最前线。冲在最前方的士兵看不到战场的全局，苦等着指挥部的命令，不知所措地躲在战壕里。

像小王行长这样工作在基层的人会告诉你：工作中最难就是应付上面的考核。不是只有一个考核指标，而是同时有很多个考核指标。不是只考核一个人，而是要考核所有的岗位、所有的人。不是下个月要，而是下一周就要，明天就要，今天就要。一个考核指标会长出很多个更小、更细、更复杂的考核指标，考核指标之间会发生争吵，考核指标会跟自己争吵，不断地擦掉，不断地重写，不断地补充，不断地标粗划重点……

每一次座谈到最后，网点这些人都会半开玩笑半挑衅地问我："你能向上反映吗？"

# 3.8

## 后来

最早，只是一个流言。

不过，要想了解事情的全过程，还得先说说魔镜出现之后的变化。小村庄大变样了。越来越多的人，尤其是年轻人，投身于创业当中。他们中有少数人成功了，但多数都失败了。失败的人很快就被众人遗忘，成功的故事在全村流传。魔镜真的是法力无边。企业家们凭着勇气、智慧、勤劳、天分——当然还有资本，以及运气——从魔镜中拽出来了许许多多新奇的玩意儿。有人发明了无人机，在地里播种、施肥，从此不再需要那么多人工了。有人发明了风火轮，脚踩风火轮，就能健步如飞。有人发明了炉子，有人发明了灯，有人发明了吊袜带，有人发明了生发水……从魔镜中拽出来的东西比商队带来的还多，还奇妙。就连烟花，也被一些企业家从魔镜中拽出来了。

村里人慢慢习惯了这种变化，要是某一天，没有人从魔镜中变出新的东西，那才叫奇怪。平静的乡村生活不复存在，这山村变得更像一个灯红酒绿的俱乐部，每天都有开不完的派对。有人说，村里一半人都去创业了，另一半人跟着板客做风险投资。这话说得有点夸张，但其实差不多就是这样。

创业者换了一茬又一茬。小盖和小马都成了明日黄花。现在风头最劲的是小 M。

小 M 的想法很多，精力旺盛得不得了，似乎只要他想到的，就没有办不成的。他甚至说自己有办法摘星星。你还别说，真有村民信他。小 M 很有钱，也很张扬。有人喜欢他，有人讨厌他，但所有人都一样关注他。

后来，小 M 换了个新女朋友。这不奇怪，小 M 从不缺女朋友。但有个好事之徒问，为什么小 M 的新女朋友没有原来的女朋友们漂亮？这有些不太厚道。小 M 的新女朋友算不上好看，但也算不上难看。再说了，真挚的爱情跟长相有啥关系？但流言就这么传开了。各种八卦，越传越邪乎。其中有一种说法流传得最广：小 M 的创业项目不行了，他没钱了，所以才找不到更漂亮的女朋友。

说实话，关心小 M 爱情故事的人不多，但大家都关心他的钱。小 M 到底有没有钱？他当然说自己有钱，但大家不信。不信就要猜，猜就容易瞎猜。小 M 的女朋友成了一个信号。大家是这么解读的：他的女朋友漂亮，那就说明他有钱；他的女朋友不漂亮，那就说明他没钱了。

流言越传越广，板客们在板凳上坐不住了。给过小 M 钱的板客都去找他要钱。小 M 的钱都花出去了，手上哪里有余钱？有的钱拿去养猪，猪还没养肥，小猪就被债主拉走了。还有的钱拿去种花椒，花椒还没结果，花椒树就被刨走了。小 M 最有名的项目是摘星星。这下惨了，星星可拉不走，星星还在天上。板客们只好望天兴叹，自认倒霉。

这还没完。不少热衷创业的小伙子都喜欢和小 M 套近乎，总喜欢人前人后吹嘘自己跟小 M 关系多铁。小 M 炙手可热的时候，谁和他在一起都跟着沾光。这下好了，板客们认准了小 M 的朋党也有问题：既然你们和小 M 走得这么近，他出事了，你们肯定也好不到哪里——厨房里不会只有一只蟑螂，要有就是一窝。你们也要还钱。

这还没完。有些平素和小 M 不合拍的创业者，一开始都站在旁边看热闹。小 M 倒霉了，跟他们没关系，他们又没有吹牛皮说要摘星星。但不知为何，所有的板客都恐慌了。慌了神之后，板客们都变得神经兮兮的，看谁都像犯罪嫌疑人。算了，谁都不投了，先把钱要回来再说。于是，所有的板客逼着所有的创业者还钱。

天下大乱。

族长和法师看到这一幕，连连叹气。

族长说："我早就觉得有问题。你看，现在怎么办啊？"

法师说:"别急,也有办法,但你不能泄露天机。"

法师让族长通知村里人都到打谷场集合。村里人都到了。法师说:"我知道你们都很恐慌,但这是没有必要的,唯一需要恐慌的就是恐慌本身……"

没有人听得进去。

法师忽然"咦"了一声,伸手指向天空,大声地说:"看!那是什么?"

所有人都将目光投向天空,拼命想看看到底发生了什么。

说时迟,那时快。法师用另一只手拿出一个瓶子,迅速把瓶塞打开。瓶子里涌出一团浓烟,那烟越涌越多,越涌越快,像一群野兽,将打谷场上的人们团团围住。所有人都被浓烟熏得睁不开眼,呛得喘不过气。

等烟雾散去,众人睁开双眼,什么都没有发生。

的确,什么都没有发生。法师使的是迷魂术,所有人都忘记了小 M 有新女朋友之后发生的事情。

法师松了一口气。他说:"现在,我们来评选年度最佳企业家。"

台下掌声雷动。一切恢复了正常。

只有族长知道发生了什么。

打谷场上的人们终于散去,只剩下族长和法师两个人。夕阳西下,把他们的影子拉得又长又斜。

族长一声不吭。法师说:"说吧。"

族长担心地问:"这样做真的管用吗?"

法师说:"你也看到了,一切来自信心。小 M 的女朋友漂亮不漂亮并不重要,重要的是所有人的信心都没了。所以,只要把信心恢复,一切就都会如常。"

族长说:"可是,这治标不治本啊!"

法师说:"这是没有办法的。总是会有波动,有涨必有跌,有繁荣必有衰退。已有的事,后必再有;已行的事,后必再行。日光之下,并无新事。"

族长说:"可你来之前,就不是这样的。"

法师说:"天凉啦。回去吧。"

# 注 释

1 创业就是时间旅行的构思，来自曾任希腊财政部长的经济学家雅尼斯·瓦鲁法科斯的启发，参见 Yanis Varoufakis, *Talking to My Daughter About the Economy or, How Capitalism Works—and How It Fails,* Farrar, Straus and Giroux, 2019。

2 经济学中定义的广义货币，包括现金、活期存款和定期存款等。

3 指由政府金融管理部门或中央银行确定的利率，包括再贷款利率、再贴现利率、准备金利率等。政策利率是央行调节市场利率的重要工具，其调整可以影响金融机构从央行获取资金的成本，从而影响市场利率的走向。

4 张斌、朱鹤、钟益：《如果政策利率降到零》，https://baijiahao.baidu.com/s?id=17682241 92616767824&wfr=spider&for=pc，2023 年 10 月 10 日访问。

5 张斌、朱鹤：《宽松货币政策的作用与副作用》，载《新金融评论》2023 年第 1 期。

6 Gary B. Gorton, Guillermo L. Ordonez, *Macroeconomics and Financial Crisis,* Princeton University Press, 2023.

7 dot-com 指与互联网相关的公司、业务。投资 dot-com 的人赔了钱，是指互联网泡沫。

8 指某个国家或地区法定的货币。

9 通常指一国允许其资本账户中的各种资本自由流动，即居民可以自由地进出国际金融市场进行投资和筹资，非居民也可以自由进出国内金融市场进行投资和筹资。

10 Markus K. Brunnermeier, Richardo Reis, *A Crash Course on Crises: Macroeconomic Concepts for Run-ups, Collapses and Recoveries*, Princeton University Press, 2023.

11 Charles P. Kindleberger, *Manias, Panics, and Crashes：A History of Financial Crises*, Basic Books, 1978.

12 Gary B. Gorton, Eliis Tallman, *Fighting Financial Crises,*University of Chicago Press, 2018.

13 出自《论语·尧曰第二十》，意思是为政不先教民，人民犯罪就杀；为政不在事先一再告诫，却立刻就要看到成果；政令发布很慢，却要紧急限期完成。

14 数据源自各银行 2022 年年报。

# 财政和呼吸机

# 4.1

## 县医院里的 ICU

龙川县人民医院是在最后一刻破防的。

林大夫是龙川县人民医院重症医学科（ICU）的副主任医师。他到现在都没有想明白，新冠疫情是怎么传染到龙川的。

龙川县在粤北山区，从这里开车，两个小时能到惠州，三个多小时能到深圳或广州，似乎不算偏僻，但这里一向是广东省最落后的地区之一。这是广东省的一大特色：离了珠三角，就有贫困县。这座小城依稀还有中国 20 世纪 80 年代的县城风貌。人和车混杂在一起。百货大楼门外的街道上摆着小摊。桥不宽，看起来很古旧。东江的两个源头，寻乌水和安远水在这里汇流，再经过惠州、东莞汇入狮子洋。最美的河道也是最容易堆垃圾的地方。有人钓鱼，有人散步。这里慵懒祥和，与世无争。偏僻是偏僻了一些，但也有偏僻的好处。在三年新冠疫情的大部分时间里，龙川都是世外桃源，没有一例病例。

但是，2023 年年底，疫情的洪水不期而至。龙川县人民医院的 ICU 正常情况下只能收治八个病人。疫情到了，他们最多一天收治了十六个病人。病床的边上再加床，加到实在摆不了了。医生和护士都像打仗上前线一样。他们中很多人已经阳了，阳了也一样上班。防护服来不及穿，戴上口罩就冲进病房。不仅是 ICU，其他科室也一样进入了"战时"状态。除了儿科、产科，几乎所有科室都要收治新冠病人。妇科收了七八十岁的老年男子。住进 ICU 的都是危重病人，一个病人要住七八天，还有一住就是二十天的。床位空不出来，外面的病人就进不来。有让人唏嘘的，也有让人感动的。新冠疫情期间，医患关系忽然变得很融洽。医生、护士、病人、家属，好像都站在了一边，站在另一边的是阴晴不定的命运。要是这样的互相理解能一直持续就好了。

医生忙着收治病人，院长忙着抢呼吸机。吴伟江是龙川县人民医院的院长，他总是像睡眠不足，有点肿眼泡。吴院长踢足球，打羽毛球，闲来还吹萨克斯。1986 年，吴伟江大学毕业后就回到了家乡，在龙川县人民医院工作。他一直在临床一线做手术，不做手术就手痒。2015 年，吴伟江当上了医院的一把手。刚上任的时候，龙川县人民医院在广东省二十家县级医院里排在中下游，吴院长出去开会，都不好意思跟别人讲自己是哪家医院的。如今，龙川县人民医院已经在广东省的县级医院里排到第五，首次进入全国三百强。

新冠疫情出现之前，吴院长有个雄心勃勃的五年发展计划。疫情来了，计划都被打乱。破防之后，吴院长想的只有一件事：赶紧去买呼吸机。各家医院都在抢，去得晚了，买都买不到。谁也不知道疫情要持续多久，所以多多益善。广州就有一家生产呼吸机的企业。吴院长路子广，人缘好，订到了几十台。拿到机器，他叫司机连夜装车，在夜色的掩护下运回医院。吴院长心有余悸地说："我生怕被人截和。"

现在那些呼吸机去哪儿了？

林大夫说："我们科室不缺呼吸机。每个病床边上都有一台。那些呼吸机给了别的科室。别的科室后来用不上，就都搁起来了。"


我没想到县医院会有 ICU。我爸爸曾经是老家县医院的医生，小时候我常去医院，至今还能回忆起那股消毒药水的味道。印象里，他们医院最先进的设备就是我爸爸所在的放射科的 X 光机。大手术没法在县医院做，要去省城的医院。县医院只能做小手术。我出生的时候，手指没有长开，中指和无名指之间有蹼，像鸭爪子一样。妈妈说，可能是怀我的时候营养没跟上。我觉得长蹼很好玩，但爸爸非要带我去县医院做手术。手术很简单，把软组织切开就行，但手术很失败，切是切了，后来又长到了一起。白挨了一刀。

我以前对 ICU 不了解。2020 年武汉解封之后，我去做调研，采访了好几位从各地过去支援武汉的 ICU 大牛，这才知道他们有多神。SARS、新冠，甚至非洲出现的埃博拉疫情中，都有 ICU 医生的身影。我本以为 ICU 医生都在一线城市的大医院，怎么县医院里也有？ICU 需要各种高端设备，难道县医院也有？

在武汉采访 ICU 医生的时候，我学会了一个新词：ECMO。ECMO 中文叫体外膜肺氧合，是 ICU 里的神器，很多危重病人到最后都需要上 ECMO，用于在体外提供气体交换和全身血液循环。ECMO 非常昂贵，而且操作起来需要很高的技术水平。

出于卖弄，我问林大夫："你们有 ECMO 吗？"

他说："有，刚买了一台。"


两千年来，中国经历了沧海桑田。朝代可以更替，疆域可以放缩，地方行政单位反复调整，不同的称谓，不同的范围，五花八门。但是，从秦朝到现在，县一直是中国最基本的政治单位。龙川县就是中国最早的县之一。这里是秦始皇出兵岭南时在当地建立的第一个县，县令是赵佗，也就是后来的南越王。县，是中国国家治理的基石。县的一头连着村庄，连着家族，另一头连着中央政权。县城稳定，则国家稳定。县里的人们安居乐业，才算河清海晏，天下太平。

县里的人们看重什么？他们可不看 GDP，他们看医院好不好。

但这其实是最麻烦的问题。长久以来，中国的医疗资源都在向大城市集中，分配得极不均匀。这就带来了"看病难"的问题。生了病，患者都想去大城市的大医院挂专家号，于是，县城的医院门可罗雀，大城市的大医院却人满为患。这也带来了"看病贵"的问题。同一种病在县城看是一个价格，在省会城市、一线城市看又是另一个价格。病人从小县城去大城市，交通费用、生活成本、住宿费用都大幅度上涨，费钱、费时、费人。

要是能找到办法，让基层医疗卫生体系发展起来，争取做到"小病不出村，大病不出县"，就能在很大程度上破解"看病难、看病贵"的难题。

问题在于，想办好一家县医院，会遇到各种挑战。一是没有钱。地方政府，尤其是经济落后地区的县级政府，拿不出那么多的钱支持县医院。靠县医院自己呢？它上比不了大城市的大医院，下比不了乡镇医院和村医。很多村庄人口流失，村医没啥事干，有的村医甚至只是个兼职。乡镇医院有补贴，不用担心生计。县里的医院不一样，既要承担提供医疗卫生公共服务的责任，又要赚钱养活自己，还要筹集更多的资金求发展，也就是要在多种约束条件下寻找机会。二是没有人。县里生活安逸，压力不大，但想引进高水平的医生就难了。就算是本地的医生水平不赖，病人还是不信任他们，真有病了，尤其是碰上像肿瘤这样的大病，还是想去大城市。

这样说来，"看病难、看病贵"，可能要变成一个无法破解的难题了。


林大夫说："我觉得已经不存在'看病难'的问题了。"

在他看来，县级医院的发展已经有了明显的改善。病人如果没钱，是不是就没法看病？林大夫说，医院都是先收治，再算费用的。真有了急病，医院不能不接诊。医患关系不像原来那么紧张了。县级医院的诊疗效率也已经大大提高。比如说，来个病人想做CT，当天就能安排。不是因为别的，就是因为现在县医院的医生资源比从前充足多了，而且工作时间长，随叫随到。医疗技术也今非昔比。以前只有大医院能治的病，现在县里的医院也能治了。这不是说县医院的医生水平赶上了大城市的医生，而是因为很多手术已经变成了标准化操作，上手更容易。就算遇到疑难杂症，县城里的医生拿不准，也可以通过远程线上开会，向大医院里最好的医生请教，一起会诊。

林大夫说："要说'看病贵'，我觉得确实还是问题。但是，现在有病都能看，没什么'看病难'了。"


如果是你听到了这番话，你会作何感想？你会被说服吗？坦率地说，我并没有被完全说服。我的内心有不同的声音在争论。一个声音说，来自一线的基层医生比你这种脱离现实的学者看得更准。另一个声音说，怎么可能呢？中国国情这么复杂，一定还有不少地方医疗条件极其恶劣，一定还有不少家庭求医无门。再仔细去听，我会听到一个隐藏得更深的、来自我的潜意识的声音。这个声音更不愿意被说服。我们做宏观经济研究的，一直觉得"看病难、看病贵"是个重要的问题，不停跟领导汇报，在媒体上呼吁，和国外同行交流。我们觉得讨论这个问题是学者的社会责任。可是，现在，你告诉我，"看病难"这个问题不需要讨论了？

让我先听从第一种声音的劝告，再来看看现实的变化。就在不知不觉之中，我们一直为之头疼的疑难杂症似乎好转了。难道是什么神奇的药方起了作用？似乎也没有。

是有个药方，但这个药方太平凡了，我们只是随便瞄了一眼，就把它丢在了一边。现在，我又把它捡起来看了一遍。

---

一个差不多够好的市场经济环境

一系列差不多够好的政策

一群肯干的人（包括一个有主意的领导和一个比较齐心的团队，付出差不多够用的努力）


注意：文火慢煎，耐心等待，火候要到

# 4.2

# 从前，有一个村庄

从前，有一个村庄。这个村庄坐落在一条大河的旁边，土地肥沃，气候宜人。村里人丁兴旺、一片祥和。

有一天，村长做了一个梦。他梦见七头丑陋、瘦弱的母牛在河边散步，它们吃了河边的草，变成了七头肥美、健壮的母牛。又来了一阵狂风，狂风过后，七头肥美、健壮的母牛无影无踪了。他又梦见一株麦子，长了七个干瘪的麦穗，一滴甘霖滴在麦子上，这七个干瘪的穗子就变成了饱满的穗子。又来了一阵狂风，狂风过后，一个穗子都没有了，只剩下光秃秃的麦秆。

村长搞不明白这梦是什么意思，决定去山上问庙里的长老。

长老听完村长讲的故事，只是闭目养神，长久地不作声。过了半天，他睁开眼睛，像是下了个决心，缓缓地跟村长说："你的梦要应验了。这个梦的寓意是接下来会有七个荒年，然后才有七个丰年。"

村长很紧张，他从没经历过这么严重的灾荒。他连忙问："我们该怎么度过荒年？荒年怎样才能变成丰年？"

长老说："你去后面的神殿，在佛像后面能找到一个宝箱。宝箱里装的是魔法种子。拿到这些种子，回到村里耐心等待。灾年到了，就让你的村民种下这些魔法种子。之所以有灾年，是因为你们的种子生病了，种到土里不会生长。把魔法种子和你们的种子一起种下去，魔法种子会唤醒你们的种子。种子生长，你们就有收获，就不用再怕灾年了。"

村长还是不放心："可是，预言不是说要有七个灾年吗？"

看到村长这么愚钝，长老有些不耐烦：**"预言就是个提醒，提醒人要有所行动。要不干吗托梦给你？人可以改变自己的命运，不然跟蝼蚁有什么区别？**预言是不能点破的，说出来就不灵了。这就是先知讨人厌的原因。他们总是道破天机，上天就不高兴。人们听了预言会改变行为，预言就落空了，所以众人会嘲笑他们。先知在自己的家乡总是被唾弃的。"

长老脸上痛苦的表情让村长想起一件事。长老不是本地人，他是多年前从外地来到此处的。在这之前，他去过哪里，干过什么，谁也不知道，也没有人敢问他。村长嘴唇嚅动了一下，但没说话，只是舔了舔嘴唇。

出家人毕竟心善，长老还是要把该说的话说完："注意，这种魔法种子跟你们的种子不一样，它不开花也不结果，但有了它，你们的土壤就能一直肥沃。魔法种子是有灵性的，它愿意帮忙，但不愿意施舍。越是灾年，魔法种子越灵验。到了丰年，它就不好使了，甚至，它会排挤你们的种子——咳，如果你知道怎么求等比数列的和，你甚至能算出它的魔法值，不过，这不重要——总之，它对心诚的人最灵，但最讨厌贪得无厌的人。"

说完这些，长老像是累了，有气无力地跟村长说："好，你可以去拿魔法种子了。"说完，他又闭上双眼，仿佛已经入定。

村长起身，朝外面的神殿走。他一只脚刚刚迈出门槛，突然听到长老说："记住，不要贪心。"

宝箱就在佛像的后面。打开箱盖，里面装了大半箱种子。那种子看起来毫不起眼，又黑又小，像芝麻，但比芝麻重。村长伸手抓了一把，放进裤兜，再抓一把，很快就把两个裤兜装满了。他又把上衣的口袋装满了。这时，他想起了长老的话："记住，不要贪心。"这句话仿佛是个提醒。对啊，我为什么不多装一些呢？他把上衣脱下来，打成一个包袱，满满地装了一包袱，想想，又把两只袖子装满，扎紧。一只手拎着太重了，他就用两只手把包袱捧在怀里。

走过长老的窗前时，村长提高了声音说："长老，我先回去了！"屋里没有声响。

灾年来了。往年，到这时候，地里的庄稼早已长出了嫩芽，田里好像铺了一块厚厚的浅绿色地毯。但今年，什么也没长出来。

地里一片焦黄。眼看着这一年就要颗粒无收了，村民们心里慌得不得了。

众人来找村长。村长本来要把魔法种子拿出来，又想起长老讲的关于先知的话，他多长了个心眼，跟村民说："要不，大家再试试看，有没有别的办法？"浇水、施肥、翻土、求雨，能试的办法都试了，地里还是一点起色都没有。众人已经绝望。

到了这个时候，村长才说："我有个办法，但不知管用不管用。山上的长老给了我一种魔法种子，说种到地里，就能让我们的种子发芽，也能让我们的土地肥沃。不过，我想，这种说法并没有什么科学依据，所以，你们也别抱太大的希望。这很可能只是一种异端的神学。"

不管是什么办法，村民们都愿意试一试。众人带着村长分发的魔法种子走了。有人一边走一边摇头叹气，瞅着手掌心那一小撮种子，满腹狐疑。种下去，等了三天，魔法种子的苗发芽了。神奇的是，庄稼种子也跟着发芽了。一开始，魔法种子的苗长得快，长得高，它们就像男朋友保护着女朋友，帮庄稼幼苗挡风。一个月后，庄稼长得比魔法种子的苗更高，魔法种子的苗又像桑丘跟随在堂吉诃德的身后。

自然，这一年有惊无险。转眼就到了收获季节，沉甸甸的谷穗把秸秆压弯了腰。众人都乐得合不拢嘴。想到这一年的收成来之不易，家家户户都自发地庆祝丰收。各家摆出筵席，还凑钱请来了远近闻名的戏班，在村前搭台唱戏，一片歌舞升平。

第二年开春，到了要播种的时候，不待有人通知，所有的村民就都聚到了村长的家门口，找他要魔法种子。拿到魔法种子，村民们向村长唱了个喏，转身就往自家地里跑，忙着去干活了。自然，这一年又是风调雨顺，五谷丰登。收获季节少不了又是喝酒，又是唱戏。大家都请村长，村长来者不拒，从一家出来，就被另一家拽走了。他心里高兴，喝得就多，红光满面，语无伦次。

又是一年。村民又来找村长要魔法种子。村长年岁大了，腿脚不便，走路有些蹒跚，就有村民催促：快，快，拿来。人的记忆总是那么短暂。村里几乎没人记得曾经有过灾年，也没人记得魔法种子是从哪里来的。每年过来要魔法种子，已经成了天经地义的事情。村民照例还要请村长去喝酒，但看他越来越容易喝高，就有些轻慢。旁人都能看出来，唯独村长浑然不觉。他每天还是那么开心。

村长拄着拐杖，走到村头，天气有些凉。秋风渐起，黄叶纷飞。村长的酒醒了一大半。有几个小孩子笑着从他身边跑过，其中一个回头看他，好像和同伴说了什么，大家一起哄笑。黄发垂髫，怡然自乐。村长心里想：这莫不就是所谓的无为而治？

就在这时，他那不动声色的智慧及时地抓住了那一丝不易察觉的狂傲，他马上收起了这种想法，暗暗苦笑："侥幸，侥幸。"

# 4.3

## 县医院里的外地医生

小县城总是很神秘。

一直住在县城里的人也看不明白。龙川县人民医院 ICU 的张护士说:"龙川的房价好贵啊,比周边都贵。物价也贵。我听我家公说他去梅州一趟,吃个猪肠粉,五块钱一碗,还吃撑了。对,猪肉都比人家贵几块钱。周围人都说我们这里是小香港。不,不是说这里繁华,是说这里的物价像香港一样贵。真不明白,龙川的工资也不高啊。"

其实,很多小县城都和龙川差不多,看似凋敝,却有生机。这需要看宏观背景。很久以来,中国经济有一个特有的现象,就是县城人口外流。年轻人都出去打工了,没有人气,看起来就凋敝,但打工赚了钱,钱汇回来,市面就变得热闹了。

傍晚,在龙川县的东江边上,摆出了一排地摊。有的摊主是挑着担过来的,更多的是开着车过来的。打开车的后备厢,就能支起一个小店。有卖山货、土特产的,也有做奶茶、手冲咖啡、调制鸡尾酒的。味道不错。不少摊主都是年轻人。一个男生扎着小辫，留着稀疏的胡须。从什么时候起，摆地摊的人也换了？原来，摆地摊的是下岗职工。现在，变成了在大城市里找不到工作的大学生。

这是一个不易察觉的小趋势：县城也出现了人口流入。很多人朝外走，但也有人朝着相反的方向迁移到小县城。有些是在大城市待不下去的回乡青年，有些是从二三线城市迁到小县城的外乡人。城市的等级体系被打乱了。不是所有的人都要跟着这个疯狂的世界一起旋转。有人找到了更喜欢的地方，就在这里停下了脚步。

以前，龙川县人民医院的职工大多都是本地人。这也难怪，本地人都要逃出去，外地人更不愿意过来。后来，陆陆续续从其他城市来了几位医生。来之前，他们都已是业务骨干。来了之后，他们立刻就能独当一面，成为科室的带头人。

王铭栋来自吉林省吉林市，曾在吉林市中心医院工作。淦作松来自江西省九江市，曾是九江市第一人民医院神经外科副主任医师。在龙川县人民医院，王铭栋是肿瘤医学副主任医师，淦作松是神经外科专家、脑系疾病诊疗中心主任。对王铭栋和淦作松来说，龙川是他们职业生涯中的新机会。

"我一定要亲耳听到吴院长发誓，他要建肿瘤科，我才会来。

要不然我来干吗？"王铭栋说，"我才四十多岁，还没到退休养老的时候。"

县级医院难建肿瘤科，一是因为肿瘤科需要高水平的医生和高精尖的设备，县级医院很难具备这样的实力；二是本地病人并不信任本地医院，遇到大病，只要有条件，都想去大城市的大医院。

王铭栋觉得很不服气。肿瘤治疗技术进步很快，大医院和小医院的差距已经缩小了。"大医院能做的手术，我也能做。"治疗肿瘤的费用也下降了。得了肿瘤，不再像过去那么可怕。化疗不像原来那么贵，有些靶向药的效果很好。王铭栋有些苦恼，怎么还有那么多病人一听说得了肿瘤就谈虎色变，甚至干脆拒绝治疗了呢？"我的家乡在吉林。那里人们的收入水平也不高啊，但治疗的积极性比这里高很多。"

王铭栋刚到龙川县人民医院两个多月，正忙着培训年轻医生。医护人员是从各个科室抽调过来的，之前有的在儿科，有的在感染科，对肿瘤都不熟悉。怎么诊断，怎么写病历，下一步的诊疗计划怎么定，要手把手教他们。虽然刚开始的时候很累，但王铭栋已经做好了科室的发展规划。这里和东北还是有差异的。东北人爱抽烟，肺癌的发病率高。广东的鼻咽癌发病率最高，肝癌、乳腺癌也比较常见。这都是以后要注意的。

淦作松已经来了五年多。他说："咱当然不会盼着生病的人多，但当医生的，不就是病人在哪儿，医生去哪儿吗？"

龙川号称百万人口大县。病人在龙川，淦作松就到了龙川。

九江不是也有病人吗？淦作松说："九江的病人多，但医院也多，不是非要到你这一家看病。龙川就不一样了。我们医院不仅覆盖了全县，还能辐射到周边的地区。四邻八乡都会过来看病。"

淦作松得意地说："说到动脉瘤手术，我可以自信地说，除了我，在河源市应该找不到第二个人了。"

本地病人却不这么看。不少本地病人住进龙川县人民医院，都是迫不得已，如果得了危重病，还非要赶去外地的大医院，就会耽误分秒必争的抢救时间。

淦作松记得，刚到龙川不到一年时，他碰到一位病人。这是位老人，脑子里有一个血管瘤破裂出血。淦作松跟老人的儿子说："你这个病人要赶紧做手术啊。"病人的儿子看上去约莫四五十岁，是个做生意的。他不搭理淦作松，拿着手机，打给深圳、广州的亲戚朋友，商量把老人送到深圳还是广州去。电话还没打完，老人的脑血管第二次破裂。老人昏厥过去，呼吸都没有了，心跳直往下掉。淦作松立刻指挥插管抢救，大约过了三十分钟，老人才慢慢缓过来。

淦作松说："我知道你们不信任我，但情况你也看到了。不做手术，基本上就是死路一条。赶紧在这里做手术，说不定还有一定的机会。"老人的儿子不情愿地答应了。

手术做了五六个小时，老人被抢救过来了。家里人松了一口气。

手术做完之后，淦作松从广州的中山大学附属第三医院请了一位脑血管专家来会诊。专家看看手术之前拍的片子，又看看手术之后拍的片子，跟淦作松说："你这里处理得不错，到广州去，我们也就是这样。"广州专家转回头，跟老人的儿子说："你做得对。要是转到广州，路上就要耽误三个小时。"家属这才口服心服。

在龙川县人民医院住了七八天之后，老人的病情稳定了。家里人在广州，就把老人转院到了广州。老人恢复得不错，摸出手机，手机密码还记得，打开银行 App，银行密码也记得。老人放心地放下了手机。

县城生活并不像田园牧歌一样美好。到哪里都有生活的烦恼。淦作松犹豫了很久要不要把家搬到龙川。他说："我自己没问题。我不抽烟不喝酒不打麻将，在外面应酬很少。我老婆说，你最兴奋的就是来了病人的时候。但孩子有点情绪。"

淦作松的女儿在九江上的是省重点中学，到了龙川，教育条件肯定要差一些。女儿来了也要适应新的学校。这还不算，广东的高考竞争更加激烈，孩子在这里参加高考，就得学得更苦更累。女儿刚转学过来时，淦作松有好几天都没睡踏实，提心吊胆。看到孩子很争气,很快适应了新环境,学习也能努力,一颗心慢慢就放下来了。

淦作松平时工作忙,陪孩子的时间少,只要周末有空,他都会带孩子到周围的景点转转,像是霍山、佗城、万绿湖,走一走,散散心。刚来的时候,女儿有些情绪。淦作松答应劳动节假期带她去深圳,见见大城市。说巧也巧,只要他一出门,就有急诊病人。刚转了两三个景点,从世界之窗出来,电话响了。来了一个脑血管瘤病人,医院已经开手术单了。怎么办?赶紧回去。他跟女儿说:"你等等,我去去就回来。"

淦作松自己打的,匆匆忙忙赶回龙川,到了半夜才做完手术。他观察一下病人,病情很稳定,又连夜打的赶回深圳。

这么折腾,不辛苦吗?

"我就有这个本领,能'秒睡'。上了出租车就补觉,到了深圳,赶上天亮,继续陪女儿逛。"淦作松说,"我可不能食言,不能让女儿说,爸爸你说话不算数。"

工作,生活。家乡,远方。中国人的生活,就是在场景之间不停地切换。

以前,把中国人的生活画卷打开,上面只有一个透视焦点。于是,所有人的位置、大小都是固定的、可预测的,像被一根无形的线牵引着。如今,把中国人的生活画卷打开,你会发现有很多透视焦点。这是一种新的画风，你需要改变欣赏的方式。主题不再重要，细节更加生动。

　　看得更仔细一些，你最终会发现，其实你也在画中。

# 4.4

## 为什么需要用积极的财政政策

政府支出就是魔法种子，用得好，能拉动私人部门的支出，可以通过乘数效应[1]，也就是像一颗石头扔进水里，激起一波一波涟漪向外扩散一样，带来国民收入的倍增。当然，用得不好，政府支出也有可能挤出[2]私人部门的支出。不过，凯恩斯首倡的宏观经济学提出的最重要的政策建议之一就是，当经济低迷、别人都不愿意增加支出的时候，总得有人挺身而出，那个人就是政府。这时候，政府就应该采取积极的财政政策。

你会说，这我知道，别忘了，这是中国。中国政府最热衷于搞基础设施投资，"基建狂魔"嘛，举世闻名。1997—1998年东亚金融危机之后，政府就是通过基建投资刺激了经济增长。2007—2008年全球金融危机之后，政府又来了一轮，还是通过基建投资刺激经济增长。你说的这些都过时了。这么多年，中国修了这么多的铁路、公路、机场，该修的都修完了，想投资也没什么机会了。政府投资太多了，该降降温了。

我要告诉你，这两种流行的观点其实都是错的。中国的投资机会还很多，而且，政府的投资支出不是太多了，而是太少了。

先说第一点。为什么说中国的投资机会还很多呢？

是的，铁路、公路、机场修了很多，但是，修好的铁路、公路、机场，要不要保养维护呢？如果保养维护跟不上，过不了几年，铁路就会生锈，公路就会变得坑坑洼洼，机场就会变得破破烂烂。地上的公路修好了，但一下雨道路就积水，地下的管网要不要改造呢？楼房都建起来了，但有很多已经老旧，要不要翻新呢？很多住房和公共设施都不适合老年人，要不要进行适老化改造呢？音乐厅、美术馆、博物馆、图书馆、体育场，这些公共设施够用了吗？盲人或坐轮椅的残障人士一出门就感觉处处不方便，要不要为他们修盲道、斜坡和直梯呢？如果你在北京工作，上下班坐地铁，乌泱泱的都是人，人碰人人挤人，生怕发生踩踏事件，这些安全隐患不需要解决吗？气候变化带来了各种异常天气和自然灾害，旱灾、水灾、山火、虫灾、高温、台风，以后这种风险可能会更多，我们要不要未雨绸缪呢？从化石能源过渡到新能源，从发电、输电、配电到用电，要不要以旧换新、升级换代？新技术革命要是来了，比如，自动驾驶有一天落地了，道路系统，甚至城市规划，需不需要重新布局呢？

我只是从一个普通人的角度，就能想到这么多的投资机会。政府当然会有更全面、更宏大的长远规划。看看"十四五"规划，你就能发现，政府提出要推进"新型基础设施、新型城镇化、交通水利等重大工程建设。面向服务国家重大战略，实施川藏铁路、西部陆海新通道、国家水网、雅鲁藏布江下游水电开发、星际探测、北斗产业化等重大工程，推进重大科研设施、重大生态系统保护修复、公共卫生应急保障、重大引调水、防洪减灾、送电输气、沿边沿江沿海交通等一批强基础、增功能、利长远的重大项目建设"。[3] 可见，无论是在传统的市政设施和交通运输领域，还是在新基建领域，中国的基础设施投资需求都是极其巨大的。这些基础设施，晚建不如早建，越是晚建成本越高。甚至，随着以后人口生育率不断下降，等有一天再想建，说不定工人都找不到了。

让我们再把思路打开。政府是不是只能做基建投资呢？硬件需要投资，那软件要不要投呢？公共教育要不要投呢？比如，要想提高人口生育率，就要降低抚养孩子的成本，那政府是不是需要建更多的幼儿园和托儿所呢？经济低迷，失业率就会上升，要不要帮助失业者，给他们提供失业救济金呢？要是再爆发一次传染病疫情，我们的公共医疗卫生体系够用吗？我们需要的可不只是更多的呼吸机，我们还缺医生，更缺护士。人口老龄化问题越来越严重，护工会更缺。而这些都需要提前培养。你看，有多少事情等着做啊。投资铁路、公路和机场是投资，投资公共服务也是投资，这是投资于自己的人民。和谐社会靠什么建成？当然是靠政府真金白银投入资源。怎么能说中国没有投资机会了呢？

再说第二点。为什么我说政府的投资支出不是太多了，而是太少了呢？

我们先说说政府在公共服务方面的投资。公正地说，政府一直在提高公共服务的投入，但大多是按部就班地安排，有点像学生只学教学大纲里的知识。教学大纲只是个池塘，而知识是一片浩瀚的海洋。如果遇到了新问题，要不要用新政策？比如，疫情期间，要不要给家庭，尤其是中低收入家庭发放现金消费券？或者，要不要按最低生活保障发放标准对新增就业岗位的企业提供奖励和补贴？虽然从理论上说，这样的政策花钱不多，效果却应该相当显著，但终归还是只停留在讨论阶段。

再说说政府在基础设施方面的投资。既然政府想投资基础设施建设，那这个钱不应该是政府出吗？并没有那么简单。我们可以把基建投资的资金来源大体分为两大部分：一部分是政府出钱，另一部分是大家帮政府出钱。前者主要包括一般公共预算、专项债和土地出让金，后者主要包括城投债、银行贷款、社会集资和外资等。大致来说，前者所占的比例很低，大约为20%，后者所占的比例很高，达到80%。[4]这真是众人拾柴火焰高。

我们再来看政府出钱的部分。主要是地方政府出钱，而不是中央政府。地方政府过去更多依靠土地出让收入，现在房地产不行了，土地卖不动了，所以，专项债所占的比例逐渐提高。专项债是地方政府为了发展有一定收益的公益性事业而发行的债券。你可能觉得，地方政府比以前更缺钱，不是会抢着发专项债吗？但事实上，每一年地方债的额度都没用满，都有闲置。这是因为，中央制定的专项债发放和使用管理规则非常严格，严到了地方政府不敢用、不能用的地步。

更有意思的是一般公共预算资金。其中包括来自中央政府的和来自地方政府的。当然，你能猜到，地方政府提供的资金更多。那么，中央政府提供的资金有多少呢？我的导师余永定和他的几名学生做了估算，2020年中央政府仅通过中央一般公共预算安排了716亿元资金用于基建，占全部政府预算内基建资金的比例不足2%。[5]

所以，虽然中国的基建规模庞大，但政府的投资支出，尤其是中央政府的投资支出并不多。

你可能会说，这是因为政府意识到了，要让民间投资有更大的舞台，政府不需要投资那么多了。真的是这样吗？

你一定听说过"三驾马车"。这是说，从总需求的角度，一个国家的GDP无非分成三块：投资、消费和净出口（也就是出口减去进口）。注意，总需求看的都是短期，也就是一年的GDP增长。要想实现年度GDP增长目标，就必须拆解这三个部分，看它们各自对经济增长的贡献。

净出口衡量的是来自国外的需求。这是我们控制不了的，要看别的国家的经济，比如美国争气不争气。一个基本的事实是，虽然大家都说中国的出口很多，但作为一个大国，中国 GDP 主要靠的是内需，也就是国内的投资和消费。净出口不拖累中国经济增长就很不错了，不能指望拉动。粗略估算，在整个 GDP 当中，净出口占比不到 5%。

好，那就看内需。内需主要指消费。消费的特点是比较稳定，在短期内，想要显著提高消费是不大可能的。大约从 2010 年开始，消费的增长速度和 GDP 的增长速度就始终大体相当，也就是说，消费只是跟着往前走，没有掉队，但也没有领头。

领头的是什么呢？投资。中国经济的观察者都知道，中国的经济增长主要靠投资驱动。

我们来拆解一下投资。投资主要分三块：房地产投资、制造业投资和基建投资。房地产投资还能不能回到过去那样的高速增长呢？我看咱们还是换一个话题吧。制造业投资能不能实现高速增长呢？我们已经说过，影响制造业企业投资的主要变量是对未来的预期。所以，大家都在按兵不动，等待冲锋号令。从历史数据来看，房地产投资和制造业投资的走势更接近，要么一起涨，要么一起跌。这是因为，房地产过去一直是支柱产业，影响了很多上下游产业。基建投资的走势不一样。当房地产投资和制造业投资都朝下走的时候，基建投资会朝上走。所以，在这种特殊的情况下，只有基础设施建设才是定海神针，才能维持中国经济的持续稳定增长。

但是，你还能观察到一个规律：基建投资每上涨一阵，就会再下滑一阵。比如，从2018年开始，基建投资的增长速度就不断下滑，从2017年的19%下滑到2019年的3.8%，到了2021年更是下降到0.4%，直到2022年，基建投资的增速才再度上扬。[6]

我们可以来猜猜这是怎么回事。显然，政府特别想做事，但又特别不想花钱。这也情有可原，如果政府花钱太多，就会出现赤字，而且还要发债借钱，债务压力就会增加。

那可怎么办?

想啊想，想啊想，我们最后想出来一个主意。

# 4.5

## 陈大夫的十年

　　陈大夫一毕业就赶上了好时光。

　　陈大夫是在广州中医药大学读的书，读完本科读硕士。读完硕士，她面临一个选择：继续读博士，还是找一份工作。导师告诉她，你分数差一点点，要想读博士，就得调剂一下，去消化内科。陈大夫不想换，她从大学四年级就对妇产科感兴趣，别的她不想学。

　　那就找工作吧。陈大夫是浙江省温州市苍南县人。父母都希望她回老家。广州太远。那时候，从温州到广州，坐火车要坐二十四个小时。苍南在温州算比较偏僻的县，离苍南不远，有个县叫平阳。有个亲戚说，平阳有个中医院，跟你专业对口啊。那就去吧。她是被当作人才引进的。平阳县中医院始建于 1991 年，是几位老中医联合创办的。这所医院坐落在鳌江镇的七星桥畔，交通便利，但因为年代久远，房子看上去很破旧。医院一直想从外面多招些人才。院长带队，专门到东北挖人。好容易请来了几位硕士，来了之后，一看工作环境这么差，全都跑了。

陈大夫刚来的时候也有心理落差，后来忙起来就顾不上细想了。那时候是真忙。事后才知道，那是最后一次生育高峰。平阳县中医院的妇产科有二十五张床位，总是住得满满的，走廊里都加了床位。在学校学的都是书本上的知识，陈大夫实习的时候只在产科待过两周，说实话，啥也不会干。经验都是在实践中积累的。她在医院学历最高，上上下下都很重视，二十五岁的小姑娘，说话间就挑上了大梁。毕业之后，半年之内，她就主刀做剖宫产手术了。一般来说，刚毕业的医生，要等四五年才轮得到这种机会。

毕业两年，陈大夫和同学们集会。有的同学读博了，有的同学留在广州上班。陈大夫暗暗地做了个对比：论收入，我不比他们差；论技术，我可能比他们还强。

接下来的日子本来应该更好。2016年，中国实施全面二孩政策。人们都以为，这将带来一次生育高峰。各大医院未雨绸缪，有产科的扩建，没有产科的新建，都想抓住机会，大干快上。

结果，出乎所有人的意料，生育高峰并没有到来，相反，生育率一路滑坡。是因为生活条件好了，生孩子的时候都想去大城市？平阳的去温州，温州的去杭州、上海？但是，大城市的产科一样不景气。大家都在问，产妇去哪儿了？本地人生育率低，不是还有外地来的打工者吗？他们不是要生娃吗？本地的年轻人外流，外地来的打工者也减少了。就算是从农村进城的打工者，也不愿意生孩子了。是因为平常工作太忙，没时间生孩子了吗？那疫情三年，人们都憋在家里，不正好生孩子吗？疫情期间，生育率继续下跌。像得了传染病一样，不想生育的年轻人越来越多。

产科一落千丈。原来产科最忙，现在产科最清闲。原来产科最赚钱，现在产科最赔钱。当年，分娩量最高的时候，产科的奖金比骨科、外科都高。后来，收入断崖式下降，一个月的奖金到手还不到一千块，整个人都糊涂了。护士裁员，医生转型，各奔前程。产科的好时光不复存在了。

就像是一场梦。更像一场噩梦。陈大夫依然能梦到要做剖宫产手术，万一——刀下去出错了呢？醒来一身冷汗。

陈大夫迷茫了。

虽然她是学中医的，又是在中医院工作，但她不是中医。她把过去的十年时光都献给了妇产科。要学的东西太多了，但越学越像西医。就像剖宫产手术，它怎么能用中医呢？但是，上大学的时候打牢了基础，再转到中医不行吗？陈大夫本科就读了七年，一半时间学中医，一半时间学西医。学中医比学西医还累。学西医的学生可不用像学中医的学生一样背方剂吧？可是，中医又分两派：学院派和家传派。陈大夫算学院派。学院派学得多，但都是书本上的，不像家传派，靠的是经验，那都是多年行医，甚至世代行医积攒下来的。按说，陈大夫也有条件。她之所以学医，是因为家族里有人行医，到她这一辈已经是第三代了。她的表叔没有上过大学，专攻针灸，做了这么多年，在当地已经小有名气。他能行，陈大夫就不行吗？

可能还真不行。要想走中医这条路，最好的办法是拜个名师，跟着师傅学。我们以为老中医应该都在江湖上、乡野里，不，他们都集中在大城市。回到平阳，想拜师都找不到名师。

陈大夫有时候会想，我是不是走错路了？

这是一个平淡无奇的故事。陈大夫用了一个多小时的时间，向我讲述了她过去十年的人生。我在采访本上记了大约三页纸。这个故事的开头和结尾都并不出人意料。类似的故事我们听得多了。但不知为何，当我翻阅采访本时，这三页纸记录的不起眼的故事，让我感慨了很久。

这是陈大夫的故事，也是你我的故事。我们都努力了，自问没有辜负时代给我们的好运气。但这好运气并不像我们想象中的那么多。它来了又去了。等我们回过神来，它已经杳无踪影。这时候，你才觉得心慌。时代带来的安全感消失了，而你已经走了这么远，回不了头了。我们也不是没有想过，当初要是有别的选择就好了。但是，经历过的那段好时光提醒你，当初并没有选错，那是在当时的条件下，你能做出的最优选择。

回不去就回不去吧，问题是，路还没走完，前面还有不短的路。

陈大夫的故事，提醒我去想一件我不愿意想的事情：怎样才能走完一段并不想走的路？

我想了又想，还是没有想通。

有一天，我读到一本讲如何跑马拉松的书，有点感触，跟你分享。[7]

只要跑马拉松，你一定会在中途的某个时间觉得无比疲惫，不想再跑。怎么办呢？书里讲到，跑马拉松不仅要用腿，还要用脑。要找到一种意念支撑你跑下去。跑者大多会有三种策略。

第一种策略是关注当下。倾听呼吸，注意心率，调匀节奏。这种策略的好处是能够更了解自己的身体状况，不会出差错，坏处是越关注自我越容易感觉累。

第二种策略是畅想未来。想象跑到终点时听到的观众欢呼声，想象拿到奖牌之后的喜悦。这种策略的好处是能够不再纠缠于现在，忘掉当下的焦躁；坏处是跑完之后会更透支，甚至会有几分失落。

第三种策略是观察周围。别总想着自己，一边跑一边看路边的风景，发现有趣的观众，观摩别的选手怎么跑。把注意力放在周围的人和事上，才能忘记自己的烦恼和疲劳。

如果是你，你会选择哪一种？

# 4.6

## 需不需要担心债务压力

　　既要投资基础设施，又怕出现财政赤字、增加政府债务，所以，我们想出了一个办法：中央政府少花钱，地方政府多花钱。地方政府也不全是花自己的钱，它们会向银行借钱。借钱也不是自己借，而是成立平台公司，让平台公司去借。

　　所有的模式都有其历史背景。20世纪90年代和21世纪初，中国刚开始大规模修建高速公路的时候，采用的正是这种模式。贷款修路，收费还贷。既不用增加财政赤字，又建成了四通八达的高速公路。这当然是一种令人耳目一新的制度创新。问题在于，不是所有的基建项目都能产生稳定的现金流，并用收益逐渐覆盖投资成本。事实上，就算是高速公路，也往往无法通过收费还清贷款。但是，因为这样的路径依赖，在中国出现了一种奇特的现象：在投资基础设施的各项资金中，越贵的钱用得越多。

　　从债务融资角度看，基础设施建设使用的资金量规模从低到高，分别是国债、地方一般债、地方专项债、企业自筹的城投债、银行贷款。而这些资金的成本却基本是逐级提高。国债的信用最高，融资成本最低。专项债有政府担保，融资成本也不高。监管部门严加限制，所以地方融资平台，也就是城投公司，越来越难从银行贷到款了。大量的基建投资资金来自地方政府通过城投公司发行的债券。购买城投债的都是市场化主体，比如各类基金、信托公司、保险公司、养老金和个人。为了吸引这些投资者，城投债必须提供更高的收益率，于是，其融资成本自然更高。

这还没完。发行城投债募集资金，主要是为了投资具有公共属性的基础设施。这些基础设施往往不能提供正常的商业回报，要不然，也不需要由政府投资，交给私人企业家干就行。于是，地方政府还必须为城投债提供隐性担保。之所以用融资平台，而不是让地方政府自己融资，本来是为了让地方政府脱身事外，不必增加债务负担，结果，债务压力绕了一圈，又回到了地方政府身上。[8]

这还没完。如果是地方政府发债，那会更加透明。谁想发债，就要讲一讲为什么要发债，打算融多少钱，这些钱怎么用，到时候怎么还。这就像学生参加论文答辩，得把自己的思路讲得清清楚楚。市场就是参加答辩的老师，会给出自己的打分。这样一来，不同的地方债就有不同的信用评级。信用评级高，说明大家更信任你，成本就低。信用评级低，说明大家觉得你不靠谱，成本就高。这相当于市场起到了监督作用。但是，迂回地通过融资平台发行城投债，或是向银行贷款，会变得更不透明，更难追溯，更容易出现腐败、违规等问题。于是，监管机构会采取更严厉的措施。严监管必然导致资金的可获得性下降，资金的成本就要上升。

这还没完。由于没办法获得充裕的低成本资金，很多基础设施建设就无法进行，也就没办法发挥基建投资的定海神针作用，经济增速于是放缓。而经济增速放缓反过来又导致政府的财政状况进一步恶化，就更难还债了。于是，金融风险也进一步加剧。

这是一个始料未及的结果：政府自己花的钱越少，债务压力越大，金融风险越高。

我们再来探究一下更深层次的根源。之所以出现这样的困境，和中央–地方的财政体系有关。1994年分税制改革之后，税收的大头归中央，地方税收不足。但在支出一端，大部分公共产品都有地方属性。甘肃的汽车不大会开到福建的高速公路上，广东的孩子也不大会到四川的中小学读书。所以，这些基础设施和公共服务，大多要靠地方政府提供，这就带来了财权和事权的不匹配。之所以出现这样的困境，也跟委托–代理机制有关。中央是委托人，地方是代理人，但代理人和委托人的想法不可能完全一致。想到中国历史上地方割据带来的混乱和灾难，中央不可能让地方在财政上完全自治。再说，中国的地区差异很大，很多相对偏僻落后的地方要靠中央支持，所以就有了来自中央的转移支付。在经济高速增长时期，各地政府都有强烈的投资冲动，都想让本地经济发展更快，这就可能造成重复建设、投资过剩，也可能带来权钱交易的腐败现象。清理平台公司，加强对专项债的管理，都是为了遏制地方政府的投资冲动。这些都是非常复杂、非常棘手的问题，我们按下不表。

我想说一个非常简单，但常被误解的问题。这就是上一章预告的，对很多人来说，最难接受的宏观经济学命题之二。这个命题是说，政府预算不需要量入而出。

这完全违背了我们的日常经验。家里过日子要勤俭持家，企业经营都在强调"现金为王"，怎么到了政府那里，规矩就不一样了？

我们来考虑三种情况。第一种情况，借款人不仅能偿还利息，还能偿还本金；第二种情况，借款人能偿还利息，但还不了本金；第三种情况，借款人连利息都还不了。第一种情况，这是个信用良好的借款人，我们可以放心，他是个正人君子。第三种情况，这是个信用很差的借款人，我们得当心，他可能是骗子。但遇到第二种情况，该怎么处理呢？

如果是企业向银行借钱，但还得起利息，还不起本金，银行当然就会警惕。但银行也知道，假如企业能一直偿还利息，本金可以先挂着，并不会马上出现坏账。当然，银行也会关心企业最终能否偿还本金。但是，如果是政府向公众借钱呢？从理论上说，政府不用偿还本金，只需要支付利息。这不是天方夜谭吗？不是的。17 世纪中期，荷兰就曾发行过永续公债，只付利息，不还本金，这是最早的公债之一。在 20 世纪之前，由于没有通货膨胀压力，公债是一种最受欢迎的投资标的。买公债的人图的不是政府还钱，而是从政府那里拿到稳定的利息收入。他们反倒希望政府别还本金，就这么一直借着更好。

之所以有这种区别，是因为生命周期的差异。家族可能没落，企业可能破产，但政府是永存的。是的，战争、内战、革命，都有可能改变政权的归属，但在现代社会，这种情况发生的概率越来越小。人们借钱给政府的时候更放心，还因为政府的腾挪空间更大。政府可以征税，企业不行。政府可以发行货币，企业不行。政府有公权力的支持，企业没有。在欧洲的封建时期，君王经常向商人借钱，借了钱又不还。所以，那个时候，君王的信用比商人的信用更低。到了现代社会，不一样了，一个国家的企业的信用评级，很难高于该国政府的信用评级。

不过，就算这么说，政府总不能无限度地搞赤字，发债过日子吧？

当然不能。但政府的债务空间之大，常常超出人们的预期，甚至会超出政府的预期。20 世纪 90 年代，日本政府不得不采取扩张性的财政政策刺激经济增长，但又担心积累了太多的债务压力。当时，日本的债务余额占 GDP 的比例大约为 90%。很多人说，不得了，日本要爆发债务危机了。现在呢？日本的债务余额已经达到了 GDP 的 260%。债务危机呢？连个影子都没有看到。

债务到底能不能持续，需要动态地去看。

一个国家的债务要看其结构，尤其要看借的是内债还是外债。如果外债太多，风险将明显提高。因为一旦本币贬值，偿还外债的压力将急剧增大，这就容易引爆金融危机。2008 年全球金融危机过后，仍然不断出现余震，葡萄牙、爱沙尼亚、拉脱维亚和立陶宛都经历过外债导致的金融风暴。所幸，中国对借外债极为谨慎。20 世纪 80 年代，中国曾经尝试引进外资，刚打开国门，就看到当时的拉丁美洲国家因为借外债爆发了金融危机，这坚定了中国只要 FDI（外商直接投资）、不要外债的决心。

一个国家的债务也要看期限。大部分政府支出都是长期投资，但银行贷款的时候更希望速战速决。长期投资靠短期融资，会造成期限错配。所以，发行长期国债，对公共投资融资来说更为合适。

一个国家的债务还要看比例，也就是债务余额占 GDP 的比例。中国的债务余额占 GDP 的比例大概有多高呢？单看国债，占 GDP 的比例只有 20%；看全国债务，占 GDP 的比例在 50% 左右。当然，还有很多隐性的债务没有被统计进来。有研究认为，中国的债务余额占 GDP 的比例大约为 70%，也有人认为比这更高。那么，一国的债务余额占 GDP 的比例，究竟多少是上限呢？60%？90%？100%？200%？都不是。虽然经济学家做了很多相关的研究，但始终没有一个令人信服的结论，没能给出一个明确的数字，提醒我们，只要过了这条警戒线就会出问题。

这其实很容易理解。只要是比例，就有分子和分母。当人们讨论债务问题的时候，总是过多地关注分子，去看债务的规模究竟有多大。相形之下，人们容易忽视分母，也就是经济增长。如果债务增加了，债务带动了公共投资，而公共投资带动了经济增长，那么，分母扩大，比例就会缩小。只要利率能够维持在比较低的水平，只要通货膨胀还在可控范围内，我们就不必过于担心财政赤字的增加和政府债务规模的上升，不能为稳定和降低政府债务规模而牺牲经济增长。中国的经验已经证明，为了降低政府债务规模而牺牲经济增长的结果，大概率是政府债务规模的上升而不是下降。

归根到底，这是一场债务增长和经济增长的赛跑，只要经济增长能够跑赢债务增长，就不会爆发债务危机。所以，经济增长最重要。

# 4.7

## 中医院

黄云较站在刚刚落成的平阳县中医院新院的门诊楼外面，神情凝重。参加搬迁仪式的领导和嘉宾都走了，剩下他来掂量肩头这副担子。2022年9月，黄云较刚调到平阳县中医院做一把手，来了半年，就赶上老院搬迁到新院的历史时刻。

老院只有11亩地，从建成之后就没有进行大的翻修，早已破旧不堪。老院的旁边，新盖的楼越长越高，老院缩得越来越矮，满眼看到的都是衰败。新院的面积几乎是老院的10倍。门诊楼和住院楼高大气派，道路宽敞整洁。虽然没有大树，但一片葱茏青翠。一条河经过新院，把院区分成两块。有了水就有了灵气，新院看上去颇能振奋人心。

温州名气很大，但平阳默默无闻。在温州的各区县里，平阳处于居中的位置，西靠山，东临海，县内常住人口有88万。这88万人看病，要么去平阳县人民医院，要么去平阳县第二人民医院，要么来平阳县中医院。之前，还有个平阳县第三人民医院，因为经营不下去，被平阳县中医院兼并了。说大不大，说小不小，说上不上，说下不下，这就是平阳县中医院的位置。

县里可不这么想。县里非常重视平阳县中医院。为了修建新院，政府投资了 7.7 亿元。

搬迁的日子特地选在 3 月 17 日。这是国医节，也就是中医节。这个节日在历史上已被尘封多年，直到 2008 年才被重新打捞起来。它的缘起是 1929 年 3 月 17 日，社会各界聚会、游行，反对当时的国民政府通过的"废止旧医（中医）"的议案。很难理解，在那个百废待兴的年代，国民政府为什么不去找点更有意义的事情做，非要得罪中医。中医很生气，病人很茫然，报界群情激愤。这个议案最后不了了之。胜利属于中医。

来参加搬迁仪式的县里领导跟黄云较说："祝贺啊，接下来等你们下一个好消息，等你们拿下三级甲等医院的评级啦。"

中国的医院被划分为三六九等，而三级甲等是最高的级别。简单地讲，三级是指医院的规模要大，服务范围要广，而甲等是指国家考核的评分最高。总分 1000 分，甲等医院的评分要超过 900 分。过去，我们熟悉的三级甲等医院都是大城市的大医院。县城医院有的是二级甲等，有的是三级乙等。很少有县级医院是三级甲等。平阳县中医院是三级乙等。平阳县人民医院也是三级乙等。

不当家不知道油盐贵。黄云较当了家，才知道油盐真贵。当家人都要会算账，黄云较心里有一本账。

新院当然比老院的条件好多了，但各项成本也都上去了。老院一年水电费 200 多万元，新院一年下来至少要六七百万。绿化、保安，这些后勤支出都"哗哗"地往上涨。搬了新家，总要有些修修补补，稍微一动，就是一大笔钱。门诊楼上面加个遮阳棚，28 万元。楼后面的自行车库要加个雨棚，40 多万。搬到新院，床位比以前多，设施更先进，但新院位置更偏，周围的道路还没有修好，公交系统还没跟上，病人觉得不习惯、不方便，来得就少。一进一出，黄云较盘算，医院至少要有 30% 的业务增长才行。如果增长 15%，最多盈亏打平。要想稳定军心，还要让职工的收入至少有 10% 的增长。

难。黄云较跟县里的领导说："领导，我今年会有亏损。明年可能还得有亏损。"

难，并不是难在医院的业务要增长 30%，而是难在既要业务增长 30%，又要发扬中医院的特色。

要说，中医算赶上了好时光，领导很重视，群众很期待，但是，想建好中医院，没有那么简单。

已经有失败的教训了。当地曾有两家中医院，为了发展更快，加大了西医的比重，忽视了中医，国考不合格，被摘牌了。有了这样的前车之鉴，谁也不敢造次。

和我们想象中的不一样，好的中医并不在中医院。好的中医可以自己开诊所，或是到药店坐诊，没必要受医院的束缚。中医院也没办法指望名中医。一个专家的挂号费不过50块钱。挂完号开药。中药的利润满打满算有20%左右。这点钱怎么够花呢？黄云较说："只靠门诊，他能把自己的待遇保住就不错了。我这里有700多人，护理、分诊、药房、后勤，都要分钱，靠这点钱可不够啊。"

他说："我们测算过，一家医院，四五十人的规模活得最滋润。像我这么大的规模，就得中西医结合。"检查检验、外科手术，该建就要建。还有急诊、ICU，虽然不赚钱，但要服务县镇的病人，该建也得建。

既然有西医科室，就要有西医大夫。西医大夫来到中医院，要和别的科室一样接受考核。从江西九江过来的姜大夫就很无奈："这些考核指标对我们重症医学科来说压力太大了。"

压力到底有多大？

"我也搞不懂。我只看扣了我多少分。"

扣了多少分？

"总分100，我全扣完了。"

很多考核指标都有同样的问题：看起来用意很好，实施起来很容易走样。举例来说，一向争议很大的药占比，考核的是药品及卫生材料收入占医院总收入的比例。政策设计的初衷是降低患者的医药费负担，但到了医院就走样了。比如，病人得的是化脓性扁桃体炎，医生一眼就能看出病因，治疗也很简单，开点抗生素就行。假设药占比的考核指标是不能超过45%，那怎么才能达标呢？医生可能就会让病人去做这个检查那个检查，又是验血，又是胸片。分母做大了，才能把比例降下来。结果，病人花钱更多，而且更遭罪。

这就到了考验一把手水平的时候了。一把手既要学会走钢丝，又要学会演杂技，几个瓶子朝上扔，每一个掉下来的时候都能稳稳地接住。

黄云较每天想得最多的就是怎样把中医的优势真正发挥出来。胃病，中医有独到之处。小孩子吃坏肚子，艾灸一灸，拔罐一拔，效果马上出来；西医让吃一大堆药，效果反而不到位。热射病，也就是中暑，中医有自己的一套。妇产科可以用中医保胎。ICU也能用上中医，可以用针灸刺激，也可以用上中医的芳香醒脑剂。为了方便患者，平阳县中医院推出了代煎中药的服务，留个地址，就能用快递把煎好的药送到四邻八乡。

黄云较还有个计划，他想到可以发展康复科。过去，病人得了脑卒中、脑出血，或是骨折，不知道该怎么办：不治不行，治又不能马上治好。现在，越来越多的病人选择既治疗又做康复。

收入水平提高了，人们对生命的质量也有更高的要求。中医干这个在行。黄云较一下子给康复科留出了 4 个病区、156 张病床。人民群众对美好生活的向往，就是奋斗的方向。

观察中国经济的时候，我们时常会遇到这样的情况：想要做事，就要学会在多重的约束条件下求最优解，甚至要同时求多个目标函数的最优解。这看似不可能，其实都有路数。从某个角度来讲，在中国做事就像写格律诗，不仅要押韵，还要讲究平仄和对仗。

你会说，这不如自由体，自由体奔放。

是的，可是，你没法否认，写格律诗比自由体更难。你要知道更多的典故，分清今韵和古韵的不同。一名之立，旬月踟蹰。

你会说，这太晦涩，不好懂。

是的，可是，你没法否认，有人懂。晦涩有晦涩的美。格律诗写得好，一样能流传千古。再说了，格律诗也不是没有浅显易懂的。

你会说，格律诗不好翻译。

是的，可是，诗歌都是没法 100% 翻译的。不同的酒有不同的容器，最醇正的文化都是本地的。

你会说，格律诗不行，只有自由体才能抒发感情。

那可真不一定。艾略特是写诗的高手，他说："诗不是放纵感情，而是逃避感情。"[9]闻一多也是写诗的高手，他说："越是要戴着脚镣跳舞才跳得痛快，跳得好。"[10]

所以，怎么写诗，是个问题，但不是我们要讨论的首要问题。首要的问题是，你是不是想写？你是不是真的特别特别想写？

## 4.8 / 后来

村长死了，村长的女儿接了班。

村长的女儿是个好青年，从来不摆大小姐的架子，和村民们一起干农活，不怕脏不怕累，巾帼不让须眉，是一把好手，人人都竖大拇指。村长的女儿平易近人，律己甚严，村民们没有不服气的。她来当新村长，大家都说好。

只是有一个问题：没有魔法种子了。魔法种子在春天用完了，老村长到夏天就去世了。要不，再上山去找长老要？新村长可不愿意。她不相信魔法种子，而且，她很讨厌魔法种子。新村长内心很敏感，她能感觉到村民们对老村长不尊重，但她并不怪罪他们，而是迁怒于老村长。在她看来，老村长太不自重，而且放任自流，不给村民立好规矩。除了每年春天给大家分派魔法种子，他一年到头都干啥了？啥也没干。村长的女儿觉得，村长不应该是这样当的，她早已暗下决心，自己当了村长，要让村里大变样。

再说，就算新村长愿意上山去找长老，长老也不在了。虽然魔法种子是老村长从长老那里拿回来的，但村民们从来没有想过要上山感谢长老。他们已将长老遗忘。有人上山采药，回来报告说，庙里已经没有人烟了。那么，长老到底去哪里了？没人知道，也没人调查。这个村庄一向以神秘著称，没有答案的问题太多了。

虽然新村长并不觉得少了魔法种子是多大的事情，但她心思缜密，做事周到。出于谨慎，她想找人合计合计。她看不上村里那些老人，每天只知道喝酒划拳，搞得乌烟瘴气的。她要找年青一代中的佼佼者一起商量。

村里有个年轻人，在外面闯荡多年，见多识广，而且很有理想。他做生意赚了不少钱，但他志不在此。回到家乡，他热衷于办学堂、开夜校，教给大家更多的知识。这个年轻人酷爱读书，无书不读。有人好奇地问他："你对哪门学问最精通啊？"这个年轻人毫不犹豫地说："经济学。"于是，大家都叫他"经济小子"。

这一天，彤云密布，不多时就下起雪来。那雪纷纷扬扬，下得正大，转眼就盖住了山河，银装素裹，分外妖娆。新村长却并不开心。虽然现在还是冬天，但很快就要开春。没有魔法种子，来年该怎么办？她装着一肚子心事，踩着雪，一路走到经济小子的家门口。

经济小子正坐在炕上，裹着被子，津津有味地读书，看见新村长挑帘进来，他高兴地说："稀客，来坐。喝茶，喝茶。"

新村长在木桌旁边的木凳上坐下，双手捧住茶杯取暖。她素来不喜欢客套，坐定之后，盯住经济小子的双眼，直接发问："我开门见山，问你个问题。没有魔法种子，你觉得会不会出什么乱子？"

经济小子说："好问题。那魔法种子，其实是一种幻觉。不开花不结果，白白占用了我们的耕地，种点别的什么不好？纯属浪费资源。这东西还有个坏处，容易让人上瘾。其实，这几年魔法种子已经没有魔力了。村东头那户人家种魔法种子最积极，村西头那户人家离你家远，人又懒，没顾上去你家领魔法种子，可你去他们的田里看看，庄稼长势是一样的。种不种魔法种子一个样。可是，村民太愚昧，一点都没察觉。用惯了魔法种子，他们就有一种依赖心理，就跟小孩子不肯断奶一样。自己的收成，要靠自己劳动，怎么能靠魔法种子呢？"

新村长沉吟不语。

经济小子知道新村长在认真听，心中得意。他有意卖弄，于是接着说："照我看，没有了魔法种子，不是坏事，而是好事，兵书上说，置之死地而后生。你就跟大家讲明白，从今以后没有魔法种子，只有汗水种子，让大家打起精神，别再浑浑噩噩了。"

开春，村民们又聚到新村长家门口。流言早已传开，大家都知道魔法种子用完了，但还是想听新村长亲口说出真相。新村长见人已经到齐，一个箭步蹿到门前的石碾上，高声地说："乡亲们，你们都知道，魔法种子没有了。有人担心，今年没有收成，我们要饿死了。这种悲观的预言年年都有，听得我们耳朵都生茧了。可是，我们饿死了吗？没有，我们过得越来越好了。是魔法种子让我们过得越来越好的吗？不是，是我们自己。不要不相信你自己。今年，你们一定要争口气。要告诉那些怀疑的人、诽谤的人、悲观的人、落后的人，我们的能力有多么强大！"

新村长真能说，比老村长强多了。众人交口称赞。尤其是人群中的年轻人，个个兴奋得脸发烫。是的，不蒸馒头争口气，我们就是要让他们看看。

每年的农活都很累，但这一年干起农活，没人叫苦叫累。起五更，睡半夜，大家都在地里干活。新村长也一样，来得最早，走得最晚。趁着月色，她还要到各家的地里巡查一番，看看苗稀不稀，水渠有没有堵。

这是村里收成最好的一年。


急风骤雨式的激情终归不能持久。过了两年，村民干活的积极性不高了，收成也没有过去那么好。于是，就有人开始怀念有魔法种子的日子。

新村长找经济小子商量。经济小子说："我也在琢磨这件事。魔法种子虽然是一种幻觉，但可能是一种有用的幻觉，能让村民感到心安。他们想要，你就给他们呗。"

新村长说:"可是,我哪里有魔法种子啊?"

经济小子好像是在泄露什么天机,他心里激动,跷着的二郎腿不停地抖动:"谁说魔法种子只有长老有?谁说只有那种又黑又小的芝麻粒才是魔法种子?魔法种子就不能有很多种吗?大个儿一点的种子就不行吗?你说你手头没有种子,那可以向村民借啊。我教你一招,把他们的种子借过来,染上黑漆,又光又亮,看起来难道不像魔法种子吗?借他们的种子怎么还?这个也不难,我替你想好了。村民找你要魔法种子,你不能白给他们,要让他们交公粮。你借了他们的种子,但他们要向你上缴种子,一进一出,你还是财政平衡啊。等等,我再算算,其实,你可以多借,因为你只需要还他们的利息,不需要还他们的本金——长老没有告诉你爸爸的秘密,被我破解了!"

听起来确实可行,但新村长打从心眼儿里不乐意这样做。不过,就试一试吧。新村长找来村民,向他们借种子。大家一愣,为什么要借我们的种子?经济小子替新村长解释:"不用担心,借了还要还你们的,连本带息,不会让你们吃亏。这可是村长向你们借种子啊。你们谁见过村长有说话不算数的时候?"那倒是,新村长的风格确实是有板有眼、句句当真。于是,村民们把种子交给了新村长。

来年开春,新村长给大家发魔法种子。哦?这跟原来的魔法种子不一样啦!经济小子又出来解释:"这是魔法种子2.0,你们以前用的是魔法种子1.0。魔法种子1.0不开花也不结果，魔法种子2.0就不同了，它跟我们的种子一样能开花能结穗。而且，魔法种子1.0有的魔力它都有，效果只会更好。"原来如此。村民们都伸手来拿魔法种子2.0。

"别急。"经济小子说，"这回大家不能白拿。你们都听老村长说过，魔法种子是有灵性的，心诚则灵。但你们从来没有表示过诚意啊。这可不好。我建议，到了收获季节，每个人都要交公粮。以后，请戏班的钱、修路修桥的钱、办学堂的钱，都可以从公粮里出。你们说好不好？"说实话，白用了魔法种子那么多年，村民们想起来是有点心虚。经济小子说的也很在理，取之于民，用之于民，那就同意吧，村民们纷纷举手赞同。

故事本来可以结束了，但新村长和经济小子之间发生了分歧。经济小子总希望新村长多借种子，多发种子。他的理由是，公粮多了，村里能干的事情就多。这个新村长是同意的，但她总是怀念那段生产大竞赛的岁月，多么热火朝天，多么意气风发啊。她是从小吃苦长大的，虽说她是村长的女儿，但她家从没像经济小子家那样有钱过。勤俭持家、量入为出，是她一贯的原则。怎么能无节制地借钱、花钱呢？

于是，她认为得省着点花。到借种子的时候，她会少借。借的种子少了，到了要发魔法种子的时候，她就会少发。怎么今年的魔法种子少了？有村民会问。新村长总是语重心长地跟他们说，不要总指望魔法种子，还是要靠自己啊。加油，让别人看看，我们能行！

村民们却不这么想。他们有些蒙。有的时候发魔法种子，有的时候不发。有的时候借种子，有的时候不借。那下一次到底发不发，借不借？谁也不知道。可能新村长自己也不知道。于是，有的村民就开始观望。观望的时间长了，就会耽搁地里的活儿。原来，大家都在地里各干各的，现在，坐在田垄上晒太阳的人多了。

新村长又想了个办法。她找来村里最能干的年轻人，让他们到各处去看有没有人偷懒，看到有人发呆，就过去劝说，该回到田里干活了。总的来说，村民是听劝的。不过，问题又来了。去检查别人干活的人多了，干活的人就更少了。所有的人都觉得自己比原来更忙、更累，但好像心里更没底了。

这个村庄后来怎样了，成了个历史之谜。

# 注 释

1 指经济活动中某一变量的增减所引起的经济总量变化的连锁反应程度。

2 指政府财政支出增加后，导致个人或企业的消费和投资减少。

3 《中华人民共和国国民经济和社会发展第十四个五年规划和 2035 年远景目标纲要》，https://www.gov.cn/xinwen/2021-03/13/content_5592681.htm?eqid=f04764db00013ce000000006646f1597，2023 年 10 月 15 日访问。

4 盛中明、杨博涵、余永定：《2022 年经济增长前景和宏观经济政策选择》，载《新金融评论》2022 年第 2 期。

5 同上。

6 数据源自国家统计局网站。

7 ［美］杰夫·布朗、［美］莉斯·内伯伦特：《跑者脑力训练手册》，毛大庆译，浙江人民出版社 2018 年版。

8 盛中明、余永定、张明：《如何提高财政政策的有效性？》，载《新华文摘》2023 年第 4 期。

9 ［英］托·斯·艾略特：《传统与个人才能》，卞之琳译，上海译文出版社 2012 年版。

10 转引自陈国恩、方长安、张园（主编）：《2016 年闻一多国际学术研讨会论文集》，中国社会科学出版社 2018 年版。

# 5

## 就业和电工证

# 5.1

## 想考电工证的何帆

2023 年，我想考个电工证。

这个念头是在 2022 年萌生的。这一年，我和几位朋友聊天，大家对前景都不太看好。我说，如果是这样的话，就要有底线思维，做好预案。朋友们一起挤对我：说说看，你的预案是啥？

"比如说，生育率降低，未来上大学的年轻人就少，而且，人工智能会替代一批脑力劳动者。"我一边说一边漫不经心地放下平板电脑——屏幕上的字太小，看得我眼睛疼。我摘下眼镜，揉着眼睛说，"我就得考虑，万一哪天当不了大学教授该怎么办，所以，我打算去考个电工证，以备不测。"

一桌人哄堂大笑。

从那之后，朋友们一见到我就问："你的电工证考下来没有？"

吹出去的牛皮就像泼出去的水，收不回来。这个电工证我是非考不可了。

其实，我早有这样的梦想。在我看来，理想的职业不是只有一份，而是有两份，一份是体力劳动，一份是脑力劳动。体力劳动让人变得务实、质朴、单纯，但只干体力劳动，也会觉得单调、枯燥、疲惫。脑力劳动让人变得勤奋、深入、丰富，但只干脑力劳动，也会让人过于清高，不食人间烟火。有的时候，知识使人自负而傲慢。很多知识分子看不到书本之外还有更广阔而复杂的世界，他们被知识愚弄了。这一轮人工智能的兴起，首先冲击的就是一些看似高深实则平庸的脑力劳动，对体力劳动者的冲击反而比较小。从这个角度来看，让自己身怀数技，尤其是既能做脑力劳动，又能做体力劳动，两种技能互相对冲，应该是个不错的选择，既可以应对潜在的职业风险，也可以追求更圆满的人生体验。多好。

体力劳动又分很多种。木匠、石匠、铁匠，都是手艺活。好的工匠像艺术家一样，用原始的材料创造出美轮美奂的作品。保姆、护工、门卫，做的是与人打交道的工作，能近距离体察人情冷暖，看到、听到很多人间故事。小时候，我非常羡慕扫大街的工作。清晨，街道上还蒙着一层薄雾，朦胧中看不清清洁工的身影，只听到扫把划过地面，沙沙作响。在寂静的早晨，这声音格外悠扬，使人镇定，给人一种力量。当太阳升起之时，清洁工已经拂衣而去，地面一尘不染，像被格式化之后的电脑，准备好了一切重新开始。这真是一个适合隐士的职业。

在各种体力劳动中，我选了电工，因为我的导师余永定曾经干过电工。余老师初中毕业，赶上了"文化大革命"，没有办法继续上高中，就进了北京郊区的一家工厂，当了个电工。这段当工人的经历让他很得意。在中国社会科学院世界经济与政治研究所当所长的时候，他总是跟我们说："你们没有当过工人，不知道劳动人民到底怎么想。"他当过工人，我们都没有当过。他这么一说，我们什么也不好反驳。

有一天，我们所的科研处处长王新说："别听老余吹牛，他干的是电工。工厂里都说，'紧车工，慢钳工，吊儿郎当是电工'。有事儿才找电工，没事儿电工清闲着呢，是工人中的贵族。"哦，原来如此。我对电工这个职业更崇拜了。

所以，我决定学做电工。

电工又分三种：高压电工、低压电工和防爆电气电工。这里面也有鄙视链。防爆电气电工比较少见，常见的是高压电工和低压电工。高压电工总觉得自己比低压电工牛。高压电工大多在电网工作，其实更轻松，大多数时间都坐办公室。他们也会进行户外作业，这是他们最酷的时候。在短视频平台上，偶尔能看到高压电工作业时的场景。工人们像走钢丝绳的杂技演员，走在高压电线上。冬天，高压电线上落满了积雪，工人们就在电线上跳一跳，把积雪震落。有小鸟在高压电线上搭窝，工人们就小心翼翼地捧着鸟窝，还有里面迷迷瞪瞪的小鸟，把它们转移到安全的地方。低压电工更常见到，在工厂里维修设备，到家里装电灯、修家用电器，都是他们要干的活儿。我学不了高压电工。我有恐高症。这把年纪，没法儿再走高压电线。学低压电工，当个业余爱好挺好的，以后家里电器坏了，可以自己摸索着动手修理。

但是，电工是特殊工种，想干电工，先要考一个电工证。这个证是上岗证，要持证上岗。除了上岗证，还有职业资格证书。每一个职业都要打怪升级，就像大学老师分助理教授、副教授、教授，会计分初级会计、中级会计、高级会计，电工也分初级、中级、高级、技师、高级技师。要是能考到高级技师，那我就是行业里受人尊敬的老师傅了。不过那是后话。我第一步要做的是拿下电工证。

去哪里考电工证呢？决定节食的人朝周围看，看到的都是各种各样的食物。酗酒的人一进房间就知道酒瓶在哪儿。买了特斯拉的车，开出去，发现满大街跑的都是特斯拉。平常没注意，想考电工证时，才发现周围有那么多培训班。我去郑州出差，一眼就看到火车站里有个很大的广告牌，上面写着：线上教育，保证通过。这就是一个电工证培训机构。我问河南老乡，真的这么方便吗？他们说，当然啦，你不用过来上课，在网上刷刷题，到时候过来露个脸、考个试就行——这跟我的风格太不一样了。考证重要，但学东西更重要，总得找个老师教教我吧。

常州一位网友听说我要考电工证，跟我说："何老师，要不你来常州吧。这里的职业技术教育全国有名，质量保证过硬。不过，有个麻烦的地方。这里的纪律太严，你得上课。上课得打卡。要是旷课了，就得取消考试资格。你是个大忙人……"

没等她说完，我就说："好，我去常州。"

我去的是常州技师学院。这所学校坐落于常州市新北区，虽然距离市区不算远，却像荒岛一样偏僻。学校大门外的马路上，一辆接着一辆，停满了在此过夜的大货车。常州技师学院主要招初中毕业生，有的学生读五年，能拿到高级技工证书；有的读六年，能拿到技师证书。除了教在校的学生，常州技师学院也承接社会培训项目，比如我参加的这个电工培训班。这个班属于2023年常州市特种作业人员安全培训计划的一部分，我在的班级叫"低压初训"。

我住在学生宿舍里。我的房间在一楼，住的学生不多。每天晚上我都侧耳倾听，听不到青春期孩子们的喧嚣。直到快要离开的时候，我才搞明白为什么如此。我看见管宿舍的阿姨隔着门，对我隔壁屋里的学生喊："你还有症状吗？没有症状，就打电话给带班老师，说你可以回去上课了。"——原来这里是用来隔离感染新冠的学生的。

楼前是一个篮球场，一到上课的时候，就变成了停车场。从外面开进来的汽车，一辆挨着一辆，像在操场上排队做操的学生。来上课的人中午就在车里休息。穿过这个篮球场，就是我上课的教室。每天早晨，我们要排队打卡。有时队伍长，有时队伍短。把身份证放在读卡器上，面朝摄像头，就能打卡。带班老师特意叮嘱我们，有时候打卡机会说，读卡不成功，但不用理它——只要刷过脸，不成功也是成功。我猛然意识到，这句话颇有哲学意义，不由得肃然起敬。

楼上是教室，比正常的教室大。如果坐满了，能有一百多个学生。没有空调，天气很热。浓稠的汗味粘在空气里刮不下来。来上课的人大多拎着水瓶，或是从楼下的小卖部里买的饮料。水瓶的容量都很大。最受欢迎的饮料是一升的茉莉花茶。混浊的液体泛着泡沫，在塑料瓶里发出暗色的光泽。教室墙上贴着安全教育海报：出门挣钱不容易，安全千万要牢记。来这里上课的人有年轻的，比如我的同桌，是个也就二十岁出头的小伙子，一脸稚气，头发又长又蓬松。他穿着工厂的工作服。很多同学和他一样，不同的工厂，不同的工作服。也有年长的，三四十岁的也有。一个看起来很像办公室职员的中年人说，他是单位里的"考证专业户"。"需要什么证我就来考什么证"，他得意地说，"叉车证最好考。"女生很少。有一对小情侣，每天来去结伴，他们就坐在我的前面。有的同学听课很认真，也有听课不专心的。我的同桌一直在刷手机，他打了一会儿王者荣耀，听了一会儿罗翔，打开"链工宝"App（这是我们每个学生都必须下载的 App，上面有考电工证的网课，必须刷完才有考试资格），开成静音，点击播放，然后倒扣手机，趴在桌子上开始睡觉。老师的声音从讲台上飘过来：这说的是什么……注意啦……这说的是很重要的……要记住啊……这说的是呀……他的声音忽高忽低，像波浪起伏，从一个耳朵进去，又从另一个耳朵出来。离你很近，但和你无关，缠绕着你，让你无可抗拒，似乎在点拨你，又让你不由自主地走神，去看那空洞的白墙和生锈的铁窗和又矮又瘦的桌椅和前排同学的运动鞋。一切都是这么熟悉：校园。

时隔多年重返校园，有一种奇妙的感觉。一切都是年轻、自由、散漫、随意的。每天都无所事事，又在不知不觉地成长。空气中都有一股青春的味道，它刺激着你，让你虽然一无所有，却敢无所忌惮地挥霍。

学生们出没在校园的每一个角落。他们在医务室的门外。医务室里没有人，门外放着一堆抗原。一群孩子，男男女女，在一起聊天。一个女生半真半假地咳嗽了两声，说，我是阳性，你们别碰我——年轻人对什么都满不在乎。他们在食堂里排队买饭，但买了饭之后，他们不在食堂吃，薄薄的塑料袋里装着泡沫塑料饭盒，他们带回宿舍吃——这是吃外卖长大的一代。我在食堂里还看见有学生扛着鱼竿，拎着刚钓上来的鱼，让食堂的师傅帮他们加工。事后，我才知道，疫情期间，学校怕学生天天窝在宿舍里上网不出去活动，就在河里放了很多鱼，鼓励学生出去钓鱼。他们的照片高悬在校园里的每一根路灯柱上。每一根路灯柱上，都对称地挂着两张学生的照片，下面是他们的成就：特等奖学金、优秀青年志愿者、学子代言人——每一个小小的闪光点，都像浪尖上跳跃的光芒，在努力地反射着太阳。他们活跃在运动场上。学校里有网球场、足球场和篮球场。网球场人多。足球场人少。我去足球场跑步，看台上只有一对小情侣。女孩儿坐在男孩儿的膝盖上。我跑了一个半小时，她坐了一个半小时。

没有人注意到，校园里还有一个五十多岁的老年学生，正在发愁怎样才能通过考试。

# 5.2

## 为什么我们要关心失业率

有一个经济指标，比经济增长更重要，也比通货膨胀更重要。它站在经济增长的后面。经济增长是渡轮，是航班，是高铁，是巴士，是网约车，而它才是乘客。经济增长是手段，而它才是真正的目的。它站在通货膨胀的对面。和它相比，通货膨胀变成了可以忍受的痛苦。通货膨胀的痛苦是所有人一起分担的，而它的痛苦将重重地砸在一部分人身上，让他们无从躲避。一个有良心的船长，会选择在船舱漏水的时候，把一部分乘客扔进海里吗？如果不会，那么当这两种痛苦必须取舍的时候，通货膨胀就是可以付出的代价。

这个经济指标就是失业率。它衡量的是劳动力市场上的就业状况。如果观察宏观经济的时间足够久，你就会发现，就业才是政府最关注的问题。为什么以前经济增速低于8%，政府就急得不得了，而现在经济增速徘徊在5%—6%，政府仍处变不惊？就是因为虽然增速放缓了，但并没有出现严重的失业问题。

简单的经济学原理告诉我们：如果经济增长速度放缓，将导致就业机会减少。但是，还有一些其他的变量，缓解了经济下行对就业的冲击。比如说，产业结构发生了变化。在工业化阶段，制造业在 GDP 中所占的比例最高，吸纳的劳动力数量最多。大批农民工，最终都进厂当了工人。但由于制造业进步速度很快，所以不再需要那么多工人了，这和农业进步之后农民变少是一个道理。与此同时，服务业在 GDP 中所占的比例上升了，而服务业可以吸纳更多的劳动力。原来进厂打工的农民工，如今转为送外卖、送快递了。

这是一条多少有点违背直觉的经济学原理：服务业之所以提供的就业机会比制造业多，不是因为它更先进、更有高度，相反，是因为相对制造业而言，服务业的劳动生产效率没有办法快速提高。手机几乎每年都升级换代，家里的保姆、楼下发廊的理发师、交响乐团的小提琴手，也能每年升级换代、从 1.0 升级到 2.0 吗？从照顾一家人升级到照顾两家人？从半小时理一个头升级到半小时理两个头？从一个人演奏一把小提琴升级到一个人演奏两把小提琴？不可能。这样一来，你也能猜到，随着服务业所占比重的提高，一个国家的潜在增长速度将下降。这就是发达国家的经济增速普遍比工业化国家低的原因。发达国家的服务业比重更高，工业化国家的制造业比重更高。

我们可以推论：发展服务业的真实目的不是维持高速的经济

增长，而是创造更多的就业机会。就业更重要。

等一下，我们还没有讲到一个特殊的群体。有一个群体的就业状况令人担忧，那就是年轻人。年青一代的失业率大大高于城镇调查失业率。这怎么解释呢？年轻人工作经验不足，懵懵懂懂，显得颇为稚嫩，天然在就业市场上处于劣势，这可能是年轻人失业率较高的部分原因。但是，并不是所有的年轻人都找不到工作。

我在常州技师学院调研的时候，学校领导告诉我，他们的就业形势好得很。常州技师学院有智能制造学院、智能装备学院、信息服务学院、医药康养学院、交通运输学院等学院，每年毕业一千五百名到两千名学生。这里的优势专业是电工、车工、铣工、焊工等机械类工种。学这些专业的学生不愁没工作，每人手上都拿着五六个，多的甚至有十几个工作邀约。

当然，也有一些专业相对不好找工作：中药专业就业门路不广。烹饪专业跳槽率很高。学设计和市场营销的，没有实战经验，学历又不高，缺乏竞争优势。也有学生自主创业，干什么的都有，有的去做光刻胶、PLC编程、预约回收小程序，也有的去做剧本杀、美甲美睫、奶茶、炸串。

不是说年轻人找不到工作，大学生都去送外卖了吗？

"那是二本的学生。高不成，低不就，什么技能都没学会。我们的学生早有进工厂的思想准备，他们愿意去当工人。"学校领导说。

好啦，我们破解了谜题，也能找到解决方案：看来，年轻人的失业率高，是因为教育结构和产业结构不匹配——大家都想上大学，可需要大学生的工作减少了；需要技能的工作很多，可是愿意上职业技术学校的学生不多。所学和所用不匹配，才造成了年轻人的高失业率。那么，解决方案是不是让年轻人放下"长衫孔乙己"的心态，都去工厂里找一份工作呢？

能在工厂里找一份工作当然挺好的。我这几年，每年都去工厂，看了各个行业，明显感到工厂的环境改善了，待遇提高了。IT企业的老板可以随意让员工加班，你到工厂里试试看？工厂更遵守准时下班的纪律。要我加班？可以，加班费拿来。工厂的生活可能就是单调刻板一些，不太对年轻人的胃口。除此之外，都挺好的。

但是，指望经济发展到了一定的阶段，从后工业化社会又回到工业化社会，至少在我看来是不可思议的。技术在进步，生产要自动化。因此，以后制造业需要的劳动力越来越少。社会的需求也在变化。年青一代是精神一代，他们更看重的不是物质享受，而是精神追求。所以，我们需要的是更多、更有趣、更新奇、更自由、更多种多样、更优雅、更赏心悦目的服务业的工作。让更多的人创新，让更多的人创造，让更多的人创作。工作，应该给我们的年轻人插上翅膀，而不是给他们戴上镣铐。如果年轻人别无选择，只能去做他们不情愿的工作，那他们将失去青春，而我们则将失去年轻人。

说实话，很多经济学家是不会关心失业问题的。他们把劳动力也视为商品。在他们看来，跟汽车、猪肉和花椒一样，劳动力的供求将由价格决定。工资高则更多的人愿意工作，劳动力供给增加；工资低则企业主愿意雇用更多的廉价劳动力，劳动力的需求增加。最终，劳动力市场上会实现供求平衡。所以，不会出现失业。你当然可以把劳动力当作一种商品，但即使作为商品，劳动力跟汽车、猪肉和花椒也不一样。这正如经济学家是动物，狗也是动物，但经济学家不是狗一样。

说实话，如果是在一百年前，也没有人关心这个问题。19世纪，没有人认为政府有义务提供就业岗位。一个人有没有工作，是他自己的事情。如果他没有工作，那要么是他懒，不想去找工作；要么是他笨，没有人看得上他——要么是又懒又笨。不要幻想失业的时候政府会提供救济金。15世纪末圈地运动开始之后，英国的流浪汉、乞丐和窃贼数量增多。于是，在1601年，英国通过了《伊丽莎白济贫法》，规定贫困儿童要被送去当学徒，流浪汉要被关进监狱或被送进教养院。

那么，在过去一百年里，到底发生了什么，才让失业变成了政府最关心的经济问题？

说来话长。这里面可讲的故事太多了：有战争，而且不止一次；有社会动荡，而且不止一次；有社会良知，也有利益交换；有平民的抗争，也有精英的呼吁；有凯恩斯主义的兴起，也有相信凯恩斯主义的新一代决策者的登场……长话短说，用一句话概括，我们能看到：在第二次世界大战之后，所有的现代经济体都有一个共识，那就是就业目标最重要。这是因为，失业率与民众对政府的支持程度直接相关。政府提供就业机会，民众提供政治支持，这是一种隐含的社会契约。

不必说出来，但要记在心里。

# 5.3

## 季老师和刘老师

像常州技师学院这样的职业学校，一向被家长和学生视为差学校。很多家长，包括我自己，吓唬孩子的时候都曾说，你要是不好好学习，以后就去上职业学校。一位教育界的专家说，多建一所职业学校，等于少办一所少年管教所——这是他能想出来的对职业教育最大的褒扬。

为什么这些学校被视为差学校呢？不是说学校的硬件条件差，老师水平不行，而是说这里的学生差。所谓的学生差，说白了就是这些孩子的考试成绩低。到常州技师学院读书的学生，大部分是在中考中淘汰下来的。常州中考总分700分，想上普通的高中也得考500多分，最好的高中分数线已经超过650分。想进常州技师学院，只要考400多分就行，有的专业录取分数线还能再降，比如焊工。焊工最好找工作，工资最高，但父母觉得这活儿又累又危险，都不想让孩子学，分数线就得下调。

如果你是一名老师，班上都是差生，甚至整个学校里都是差生，你该怎么教呢？

我以前以为，好学校的老师才是好老师。这些老师教出来的孩子成绩更好，衬托得老师的水平更高。大家都说，看，名师出高徒。后来，我发现恰恰相反。好学生不是教出来的，是他们自己脱颖而出的。好学生的考试成绩更高，不仅靠高智商，更靠好的学习习惯，他们有自驱力。这样的孩子情商也更高。他们待人接物更成熟，举手投足都透露出自信，阳光、开朗、乐观、合群。这些孩子一点就透，教他们是一种享受。但是，并非所有的孩子都是这样的。一个班级，一个学校，总会有落后生。注意，我在这里用的是落后生，不是差生。差生是对最终结果的定性，落后生是描述他们暂时所处的状态。一时落后了，不着急，慢慢就能追上。

这些落后生更需要好的老师。遇到落后生，才真正考验老师的耐心和智慧。带一个落后生，比带十个好学生都难，但成就感更大。在常州技师学院，我吃惊地发现，居然能找到好几位闪烁着理想主义光芒的老师。能教落后生的老师才是好老师。他们教的都是落后生，他们才是真正的好老师。

我采访了常州技师学院的季老师，他就是教焊工的。季老师瘦小精干，永远都像满格的电池一样高能。他闲不下来，休息一天就浑身都累。他坦率地告诉我，班上的学生学习习惯都很差。听见上课铃响，他们就像巴甫洛夫的狗[1]一样，条件反射般立刻犯困。小学、初中，他们一直如此，习惯成自然。

这并不完全是孩子们的问题，这是中国的教育体系出了问题。教育界还是以分数论英雄，一个孩子，哪怕有千般优点，只要学习成绩差，十有八九都要被老师鄙视，被同学冷眼，被家长嫌弃。因此，这个孩子就会失去自信心，陷入一种"习得性无助"。

新生入学时，季老师说，谁想当学生干部可以举手自荐。没有一个人举手。全班没有一个学生当过班干部。他们都觉得自己是班上最差的学生。

遇到这样的学生，重要的不是教会他们知识或技能，而是点燃他们的信心，帮助他们发现自己的人生目标。人的成长，就是要在社会中找到自己的位置，安置好自己，获得生活的安定和内心的安宁。每一个孩子，只要找到了自驱力，就能找到自己的位置。

有时候，一句鼓励的话可以改变一个孩子的人生。季老师班上有个男孩叫小陆。小陆个子矮，总是受人欺负。别的学生指使他打饭、扫地，小陆不敢不干。有一天，季老师跟小陆说："你很能蹲，能蹲就能学好焊工。"

"真的吗？"

季老师说："当然了。当年我从造型设计改行当焊工老师，就是因为师傅和师兄发现我特别能蹲。人家是'三高',我是'三低':低血压、低体重、低心跳。我一蹲能蹲半天。蹲是咱们焊工的基本功。能蹲下去,重心低,手也稳。胖子蹲不下去,所以焊工里没有胖子。老外也蹲不了,这是中国工人的绝活。你看老外焊东西,是跪着焊的,膝盖要垫着。我在国外还见过一个德国工人,要随身带个板凳坐着焊。就说焊管道,中国工人左半圈,右半圈,两下焊好。老外得绕着焊,四下焊好。接头越多,缺陷就越多。手上功夫,咱们绝对是一流的。我告诉你,学焊工好啊,咱们学校学焊工的,毕业时每个人都有至少七八份工作等着挑。工厂里缺的就是焊工。熟练焊工一小时能挣六十块钱。不仅赚钱多,学焊工还特别有意思。我学造型设计,自己喜欢画画。这焊工和画画是一样的,一个是拿焊条用铁水画,一个是拿笔在纸上画。一笔画下去,就知道画得好不好,深浅表现对不对。好的焊工也讲究分寸,做出来的东西就像艺术品,你会很有成就感。这个行业艺无止境。火箭这样的高科技产品,你以为都是用电脑自动生产出来的?不是的,最关键的地方还得人工来焊。那些焊工是我们这个行业里的高手,都有盖世神功。"

　　小陆大受鼓舞。他开始用心地学焊工。用心就有进步。同学们发现,小陆的水平明显提高了。过去欺负他的同学,现在得求着让他辅导。小陆在同学中的地位也提升了。他越学越带劲,成了季老师的助教。每天早上六点,小陆就起床了,一头扎进车间琢磨手艺。同学们给他起了一个外号，叫"天师"。小陆参加了江苏省的技能大赛，拿到了头等奖，奖金两万元。对在校生来说，尤其是对小陆这样家境清贫的学生来说，这可是一笔不菲的奖金。小陆讲话的声音都比以前洪亮了。拿了奖，有了点小名气，自然不愁找工作。很多企业开出优厚的薪水，想请小陆过去。他最后去了宜兴中专。他想和季老师一样教焊工。季老师说，小陆现在已经成了学校里的焊接专业带头人。

这些孩子学习成绩差，往往也和家庭有很大关系。

我还采访了常州技师学院的刘老师。刘老师说话没有季老师快，但一副胸有成竹的样子。刘老师一直当带班老师，每天和学生"厮混"在一起。只要说起自己的学生，刘老师就会眼睛放光。

刘老师跟我说："我做过一个调查。2006 年我带第一个班的时候，学生父母的离婚率大约是 10%。到了 2017 年，我又做了一次调查，你猜家长的离婚率是多少？"

他摇了摇头，张开手掌，说："已经超过了 50%。"

这些孩子的家长大多是外地来常州打工的工人。开家长会的时候，家长们穿着各种颜色的工作服，从工厂和工地匆忙赶过来。还有赶不过来的。有的是太忙，顾不上管。有的是根本就不想管。有的孩子是单亲，有的孩子生活在父母重新结婚之后的组合家庭里，有的孩子父母在监狱里，有的孩子父母在外地，常年联系不上。

这些家长大多不知道如何和孩子沟通。学生有自卑感，多数时候是因为他们的家长也有自卑感。家长教育孩子的时候总是盯着孩子的缺点，是因为他们很难发现自己孩子身上的优点。家长焦虑，孩子更焦虑，得心理疾病的学生就越来越多。当落后生的老师，还必须掌握一个技能，就是跟家长沟通。

刘老师讲了一个故事。有一个孩子在学校犯了错。父亲听说之后，从外地赶回来，到了学校的办公室，冲进去见到孩子，二话没说就打了一记耳光——他连孩子到底犯了什么错都不知道。这位父亲并不关心孩子犯了什么错，他只是觉得这事给他丢脸了。刘老师跟这位父亲沟通。这位父亲说："都怪我，平时在外做生意，顾不上管孩子，孩子才变得越来越孤僻，跟谁都不讲话。"刘老师说："那可不对，我了解到的情况跟你说的不一样。孩子跟他表哥关系很好，他跟表哥无话不谈。"这位父亲若有所思地说："也是啊，他过年回家，乡亲们都说他会来事，混得开。"刘老师趁机劝这位父亲："你也是做生意的，混社会混了这么多年，你还不知道好口才有多吃香？你的这些经验，不教给自己的儿子，打算教给谁啊？！"这位父亲受到启发，慢慢改变了和孩子的交往方式。

刘老师说："家长对孩子的态度变了，你就能明显看到小孩的神情不一样。"

可是，有些家长是说不通的，他们和老师想的完全不一样。平凡人家也能教出好的子女。尤其是在社会剧变的时候，上流阶层容易腐化，底层百姓还在坚守道德。只要父母把坚守的道德观念、做人的道理传授给孩子，孩子自己就能找到成长的机会。可惜，并不总是这样。宋军民老师曾在学生宿舍楼里做过一个小小的社会实验。他摆出矿泉水和饮料，旁边放了一个纸盒子，学生要想买水，就把钱放进盒子，自己取水，找零钱也从盒子里拿。没有人监督。大部分学生都很自觉，但宋老师注意到，有一个学生每天白拿一瓶水，顺手还从盒子里取走十块钱。他找到孩子的父亲，说了这件事情，让父亲教导一下孩子，没想到这位父亲跟他说："得了吧，老师，你傻了，别把我的孩子也教傻了。"

遇到这样的家长，又该怎么办？

刘老师说："你放心，学生不傻，他们能看清。"

他班上有个孩子，在当地是混帮派的，他爸爸也是当地一霸，号称附近一带的"扛把子"。这孩子出了校门就是个流氓，天天在外面打群架。

刘老师推心置腹地跟他讲："你现在很猖狂，但打架是有风险的。就说吧，万一你断了一条腿，以后还怎么混？你现在有小弟，但等你断了腿，躺在床上，你觉得小弟们还会看得起你？谁出来混江湖，会跟着一个断了腿、过了气的老大？最后还不是你一个人凄凄凉凉？"

刘老师也不知道这孩子能不能听进去自己说的话。毕竟，孩子在老师这里学到的和在家族里面学到的完全不一样。

没想到，后来发生了一件事。学校里的男生因为抢女朋友发生了争执，最后演变成两个班级打群架。刘老师带的班和高年级的一个班打起来了。高年级的班打输了，脸上挂不住，叫来社会上一群小混混，约在红梅假日广场的路口打架。刘老师班里的男生群情激愤，马上打电话，到处喊同学，让大家过去帮忙。那天晚上，刘老师印象深刻，他在派出所陪着自己的学生过了一夜。奇怪的是，班上最爱打群架的那个小霸王居然没有出现。是他没有接到电话吗？不是，他找了个托词，没有过去。那他为什么不过去呢？

那个学生脸上藏着一丝不动声色的微笑，他说："那帮小子都带着PVC管。这种管子我挨过，打到膝盖上，真的会像老师你说的那样把腿打断的。"

你看，他拎得清的。

# 5.4

## 为什么好工作越来越少

年轻人是不好找工作，但年轻人又不找工作。

上一代人会说，哎呀，不要挑肥拣瘦啦，好赖是个工作，有总比没有强啊。

年轻人想的不一样。他们不是不想找工作，而是想找一份好工作。问题在于，好工作越来越少了。

原来不是这样的，原来人们觉得好工作挺多的。

那是因为，中国经历过一场狂飙突进的经济增长。经济高速增长的结果是，好工作的供给增加了。对农民工来说，能够离开农村，到工厂里打工，是好工作。对刚毕业的大学生来说，新兴的金融、地产、科研、教育行业提供了好工作。这些过去从来没有的新就业机会，吸纳了大量新增加的劳动力，而且提高了他们的收入水平。一个从未出现过的中产阶级慢慢地生长、壮大起来。

所以，经济增长快，好工作就多。那么，好工作越来越少，是因为经济增长放缓了吗？

经济增长放缓当然是好工作越来越少的一个主要原因，但还有很多其他原因。有不少宏观原因，我已经说过，你已经知道。比如，科技进步会替代一部分看起来不错的白领工作，新冠疫情雪上加霜，还有这几年的行业政策调整，影响到了相关行业的就业。但是，原因还不止这些。

这些都是宏观变量。看宏观变量，就像看天上的乌云。它们高高在上，一眼就能看到。你知道暴雨就是从乌云那里来的，你也看到了雨点从天而降，砸在地上。但是，冲走汽车、冲垮房屋的是洪水。要理解天上的乌云，也要理解地上的洪水。

好工作之所以越来越少，也有微观方面的原因。我把这一原因称作"市场恐慌导致的恶性循环。"

让我们先从最初迷路的地方讲起。

我们说过，经济学家把劳动力看作一种商品，并认为工资会自动地调节劳动力市场上的供求关系。这种观点当然太简单、太幼稚了。不过，要是经济系统真的按照这种规律运行，确实不会出现失业现象。所以，问题到底出在哪里？

问题出在：当你看劳动力市场的时候，你不能只看劳动力市场。

假设工资下降了，比如说，博士的工资降到了大学生的水平。如果你是雇主，你会怎么做？你会趁机雇用一批博士吗？

你本来是想这么干的，但转念一想，不对，为什么博士的工资都降到和大学生一样了？肯定是因为经济形势不好了。经济形势不好，市场需求就会萎缩，这时候扩大生产，时机选得太不对了。所以，你决定谨慎一些。工资是下降了，但你不仅没有多招人，反而会考虑裁员——这跟房价一跌大家反而不买房是一个道理。

因此，企业主并不只是把工资视为反映劳动力市场供求关系的信号，而是把它看作解读宏观经济的信号。一个企业主这么考虑是非常明智的，但所有的企业主都这么想，市场就会恐慌，衰退就真的降临了。

这还只是个开始。现在，衰退真的来了，企业主就要考虑如何过冬。经济低迷时期，企业都想降低成本，很多企业主能想到的办法就是降低工资。虽然工资降低了，可企业主还想让大家多干活，于是，他们又会延长劳动时间、提高劳动强度。

不少企业主这么干的时候，心里是偷着乐的。他们总觉得自己比工人高明，能把员工唬得一愣一愣的。比如，他们会说，这叫灵活就业。员工可以在家办公，企业也乐意减少长期用工，改为招短工。在家办公看似很自由，但不知不觉，工作时间就会侵蚀休闲时间，个人生活和工作的边界不见了，员工一天二十四小时都要随时准备干活。所谓的"零工经济"看起来很美，但劳动者很快就发现，自己被困在算法之中，而且得不到充分的保障：没有退休金，没有住房公积金，没有医疗保险，甚至没有节假日。

有的企业主还喜欢宣扬个人英雄主义。他们特别喜欢标榜自己工作有多努力。苹果的首席执行官蒂姆·库克在接受媒体采访时说，他每天早上四点半就开始给同事发邮件，而且每天都是办公室里第一个到、最后一个走的人。埃隆·马斯克为了盯紧新车开发进度，曾连着好几晚睡在工厂地板上，一件 T 恤穿了三天三夜都没换洗。哪个员工提出不愿加班，就会被马斯克痛骂："马上滚出我的视线，你不用再出现了！"工作变成了一种可以炫耀的标志。想跻身精英阶层的人，趋之若鹜地模仿着高居金字塔塔尖的成功人士。这是一种新的神话。这种神话宣称：比你优秀的人都比你刻苦，你还有啥好说的？

我听得太多了，实在听不下去了。让我把这层窗户纸捅破吧：大多数比你刻苦的人，可能只是想假装比你优秀。他们是很忙，但他们自己也不知道一天到晚在忙个啥。

但我们能看到，这样一来，企业慢慢就滑进了一个恶性循环。

让我再告诉你一个真相：当老板觉得自己的员工怎么这么笨、这么懒、这么没有纪律性的时候，十有八九，是企业的管理方式出了问题。奴隶主觉得奴隶懒，地主觉得长工懒。其实他们都不懒。他们只是懒得为别人卖命。他们看得门儿清。没有哪个员工会自觉自愿地干到晚上十点，累得跟狗一样，回到家里，跟家人说："亲爱的，我又为股东利益最大化做出了贡献。我真自豪，我的老板比以前更有钱了。"

所以，在企业主拼命降低工资、延长劳动时间、提高劳动强度之后，员工自然而然会做出反应：他们会用脚投票，辞职不干。于是，员工的流失率越来越高。

这对企业和员工来说是一种"双输"的结果。如果你是员工，我的建议是轻易不要跳槽。有一个现象是，越年轻越喜欢跳槽。我从 BOSS 直聘那里了解到一组数据[2]：从"70 后"到"00 后"，第一份工作的平均在职时间不断缩短。"70 后"的第一份工作平均在职时间是 84 个月。到了"95 后"，第一份工作平均在职时间已经降至 15 个月。而"00 后"的第一份工作平均在职时间只有 11 个月。年底的同事和年初的同事都不一样了。

社会流动性提高，年轻人喜欢跳槽，无可厚非。但频繁跳槽不利于个人积累经验，实现职场跃迁。一份工作坚持不到半年就跳槽的求职者中，70% 的人工资低于同龄人的平均水平。换到第四份工作的时候，工资会明显下降。换到第八份工作之后，相较同龄人，工资会出现断崖式下降。要是你真的想跳槽，最佳时机是一份工作坚持了三四年以后。这时候再跳槽，工资涨幅平均能达到 30% 以上。

员工大量流失对企业来说也是个坏消息。跳槽率高，企业就不得不从头培训新员工。新员工没干几天又跑了，企业又不得不培训新新员工。老员工少，新员工多，培训的难度更大。老员工带不了那么多新员工。就算新员工的工资比老员工低，看似工资支出减少了，但招聘和培训的成本却提高了。

这还没完。企业总想延长员工的工作时间，提高劳动强度，但效果很可能适得其反。员工想偷懒太容易了，延长劳动时间的结果无非是延长了摸鱼的时间。本来上班能干完的活，可以拖到下班后再干。本来三个小时能干完的活，可以拖到十个小时。很多企业看到了这一点，于是想用各种办法加强管理，以为这样就能提高效率。但这些新增加的管理条例大多是自上而下的，是看着老板的眼色制定出来的，是为了让老板开心，不是为了让员工舒心，所以不会考虑一线的实际情况，实施起来反而会干扰一线的工作。你能够想象在前线作战的士兵，每射出一颗子弹都要先经过内部流程的审批，每救出一个伤员都要报请几个相关主管开会审核吗？管得多了，一线的员工会士气低落，效率反而更低。[3]

这就是我们所说的恶性循环：企业主要降低工资、延长工作时间、提高劳动强度，于是，好工作变成了烂工作。员工会用脚投票，跳槽率上升。企业招进来的大多是没有经验、缺乏技能的新员工。新员工的劳动生产率更低。于是，企业主更不愿意开出高工资，或是加大对员工的投资。他们会继续降低工资、延长工作时间、提高劳动强度。于是，好工作越来越少，烂工作越来越多。

# 5.5

## 宋彪

我在校园里随机采访，拦住来来往往的同学问："你知道宋彪吗？"

"知道啊。"

"知道他是干什么的吗？"

有的同学知道，有的同学不好意思地摇了摇头："我就知道他拿了个大奖。"

我问他们是怎么知道宋彪的，答案各不相同。有的是看新闻，有的是听父母或老师说起过，有的是听学校的领导说过。

我去问管宿舍的阿姨，她正在跟打扫卫生的阿姨聊天。两个人异口同声地说："宋彪啊，谁不知道？"

在常州技师学院，你可以不知道校长是谁，但没有人不知道宋彪。

宋彪是常州技师学院最引以为豪的校友。2014 年，宋彪入读常州技师学院。那时，他还只是一名再普通不过的学生。三年之后，宋彪代表中国参加了在阿布扎比举行的第44届世界技能大赛。参赛选手有1260位，来自68个不同的国家。这是工业技能领域的奥运会。经过四天的角逐，宋彪一鸣惊人，获得了工业机械装调项目的金牌，成为首位获得该荣誉的中国选手。别急，更精彩的还在后面，宋彪还获得了所有项目的最高分，捧回了全场唯一的"阿尔伯特·维达奖"。你可以这样想：这就相当于许海峰在1984年洛杉矶奥运会上为中国拿到了第一枚奥运金牌。有人说，这不过是因为他参加的射击项目最早开赛。好，话音未落，组委会决定，在所有的金牌选手中再选出一位获胜者，再给他发一枚唯一的金牌。这枚金牌中的金牌，又给了许海峰——服气不服气？这就是年仅十九岁的技校生宋彪为中国争到的荣誉。当时恰逢国内大力宣扬工匠精神，回国之后，宋彪还受到了国务院总理的接见。宋彪得奖，让常州技师学院扬眉吐气，也让很多技校学生看到了希望：啊，原来还能这样！

在常州技师学院的小天地之外，没有多少人知道宋彪。他不是最耀眼的星星。在互联网时代，任何一个人，甚至任何一条狗，都有可能阴差阳错，在网络上突然火爆，享受自己的"五分钟名人"时刻。很多人梦想能红遍全网，这是一种错觉。名气是一种不能承受之重。人只穿自己合适的衣服。同样，人也只能掌控有度的名气。有度的名气是说，你身边的人尊敬甚至崇拜你，他们知道你的才华，认同你的目标，和你志同道合。再朝外扩展，周围的人可能听说过你，对你有好的印象。但是，再朝外走，应该有一道防火墙，阻挡你的光和热继续向外辐射，也屏蔽来自外界的干扰。没有闲杂人等，没有流言蜚语，你平静的生活不会被扭曲、吞噬。

于是，你就能生活在一个小小的生态系统里。在小的生态系统里，更容易建立稳定的关系，找到自己的位置。很多人会在互联网时代迷失，忘记身边的小世界。但是，当外部的风险越来越多的时候，建立小的生态系统，就成了每个微观主体对抗宏观不确定性的生存策略。

这个小的生态系统需要被唤醒。在宋彪出现之前，常州技师学院就像一片死寂的池塘。这个小世界里有很多小精灵，但他们都陷入了沉睡。要是他们不醒过来，一切都会失去生机。有一个小精灵先醒了，他揉揉眼睛，坐起来，和阳光打了个招呼。又有一个、两个、三个小精灵醒了过来。活跃的小精灵越来越多。于是，这片池塘开始变得生机勃勃：有荷花、有游鱼、有蛙鸣、有清风。每个小精灵醒来的时候，都发出了一声惊叹：原来还能这样！

这天，宋彪回到集训基地看望今年世界技能大赛的参赛选手。墙上挂着"敢于挑战自我，勇攀技术高峰"的标语。六年前，宋彪也是在这样的车间里，车铣钻刨磨钳铸锻焊，样样要练，一天练习十二个小时。

宋彪夺冠之后，常州技师学院成了世界技能大赛工业机械项目的中国集训基地。各省选手都来这里参加集训。今年的集训季还没有正式开始，各地选手还在陆续赶来的路上。今天，在集训基地的只有两名选手：江苏的陈文斌和上海的张容志。

陈文斌头发理得很短，身材壮硕，像个健身房里的教练。他是常州技师学院的在读生，宋彪的师弟。陈文斌管宋彪叫"彪哥"。叫一声"彪哥"，气都觉得更壮。

陈文斌问："彪哥，我要是出国打比赛，需要注意啥？"

"怎么，现在就想出国比赛了？"

虽然陈文斌已经进了集训队，但胜负仍未见分晓。集训队的选手先要经过学校的选拔、省里的竞赛。就算到了国家队，还有一轮又一轮的淘汰，最后的胜出者才能出国比赛。宋彪拿了金牌之后，各地的职业学校都瞄上了世界技能大赛。只要看到机会，中国人一定会卷到底。参加技能大赛的竞争比宋彪那时候更残酷了。不知为何，这让我想起了游戏《巫师3》里的"青草试炼"。很多小男孩被送到猎魔人的大本营凯尔·莫罕，他们要服用一种特制的"青草煎药"，忍受魔药带来的身体痛苦。能够在"青草试炼"中存活下来的小男孩不到十分之三。存活下来之后，他们还要再经历更为痛苦的生理变异，才能真正成为猎魔人。

宋彪经历过痛苦的试炼。他已经成熟了。当年脸上不安分的青春痘已经消退，他变成了一个儒雅英俊的邻家大哥哥。过去的事迹都是烟云，他还有很长的路要走。宋彪愿意耐心地回答学弟的每一个问题。

"我就提醒你一点，在国外的竞赛场地是公开的。可不是像体育比赛那样，买了门票才能进去。比赛是在公共场地，比如在一个体育馆里。教练、参赛选手，很多人都在里面，还会来很多看热闹的人，你得有心理准备。比如，你正在操作机床，忽然冒出来一群小学生，离你很近，几乎挨着你，看你，你别一下子慌了神。你就专注地打比赛，其他都别管。"

张容志等陈文斌问完才开口。他年纪稍长，更沉稳内向。张容志是从上海来的，但他不是上海人，是山东临沂人。张容志的父母从山东到上海打工，他就跟着到上海上学。到了升高中的时候，张容志遇到一个问题：他父母不符合条件，他作为一个外地孩子，上不了上海的高中，要是回到山东，又适应不了山东地狱模式的高考，肯定啥大学也考不上——未来的历史学家一定很难理解，中国这片土地上有那么多流动的孩子，在要上学的时候如此彷徨。对这些孩子来说，家和家乡，就像夜空中的两个星座，看起来离得那么近，实际上却有着以光年而计的距离。张容志想，那不如上职业学校。他上了上海市大众工业学校，学的是数控。

在今年的参赛选手中，张容志算是实力较强的——他去年就参加过世界技能大赛，拿到了第五名的成绩。他的经验比其他选手更丰富，当然，这意味着他熬的时间也更长。

宋彪是张容志心目中的偶像。见到偶像，他有点小激动。他问了一个在心里藏了很久的问题："宋老师，你有没有过想要放弃的时候，就比如说，觉得自己实在撑不住了？"

"只有一次。

"我很喜欢机械，小时候跟父亲去工厂就喜欢摸机器。钢铁那么硬，车床能像切豆腐一样切它，太神奇了。到了这儿上学，能天天摸到机器，我挺开心的。我可不是最聪明的，但我肯钻研。你说集训的时候累不累，肯定累的。老师布置一天八到十个小时的任务，我自己再加码两个小时。从一起床到晚上睡觉，就只有训练这一件事。你得一遍一遍地练，直到变成肌肉记忆。比如练习手枪钻钻孔，一共十几个尺寸，我每天都要练习三四十个，每周练习两三天。比如用锉刀加工零件，需要做出一个平整的圆弧，非常考验手的平衡度，我差不多练了一个学期。

"我有一次快支撑不住了。那是寒假放假时，要过年了，校园里人都走了，只有我一个人，练了一天，那天也不是特别顺，有点挫败。回宿舍的时候，一个人走过空荡荡的走廊，只听到自己的脚步声，我从来没有觉得那么孤单，那么凄凉。我打电话给我爸，说不想干了。我爸很支持我，也很开通。他听完就说，你是想好了不干，还是现在不想干呢？这是不一样的。要是你想好了不干，不干就不干吧。但是，如果你只是现在很烦不想干，这会儿不想，过一会儿就又想了。

"放下电话，我让自己冷静下来，认真地想我到底想不想干：这是我自己选的，又是我喜欢干的，还是我有信心能干好的，为什么不干呢？最后，我又拿起电话，跟我爸说，我又想干了，我还要干！"

讲完自己的故事，宋彪招呼两个小伙伴："走，别让手冷了，我带你们练一会儿。"

# 5.6

## 为什么企业要创造更多的好工作

好工作越来越少，烂工作越来越多，那我们该怎么办？

别着急，总有办法。

比如，在求职的时候不要只投简历，要想办法"混进"你想进的行业，找到"内部"的求职市场；比如，即使当下的工作不理想，也不妨碍你从中积攒经验值——你可以设想自己不是来工作的，而是来做社会调查的，心态马上就不一样了；再比如，找到工作中的导师很重要，好的导师是你职场升级过关的"秘密通道"。我在2022年专门写了一本书，回答年轻人提出的职场问题，叫《找事》[4]。如果你感兴趣，邀请你去读一读。如果你身边有迷茫、困惑的年轻人，请送给他们一本，给他们一点鼓励。

不过，我想在这里跟你聊的是，企业该如何创造更多的好工作。

你可能会说，这是老板关心的事，我知道了有什么用？对你是很有用的。你可以借此看清一个企业的价值观，再决定它是不是和你的价值观合拍。

如果你是一位企业家，那这一节就是专门为你写的。你可能会说，别的企业都在压低工资，凭什么让我提高工资呢？你说的有道理。企业并非一定要创造好工作。企业的目标是活下来，是追求更高的利润。你不得不承认，有的时候，企业的利润就是从员工的工资里挤出来的。但是，我想告诉你，你并非一定要这么做才能生存。有更好的办法。你能两全其美。创造好工作，是一部分有远见的企业的竞争策略。不当黑心的资本家，一样能活得很好。

你可能会说，明白了，我这就回去给员工提高工资。

且慢。贸然地提高工资，可能适得其反。员工看工资，不完全是跟自己过去的工资做对比，他们还要跟别的员工比。给谁涨工资、不给谁涨工资呢？给前台涨，后台会不乐意。给新员工涨，老员工会不乐意。要是一起给他们涨呢？你未必有这个经济实力，员工也未必领你的情，好事反而变成了坏事。

我们首先要弄清楚，为什么员工会对工作不满意呢？关于这件事，老板和员工的想法并不一样。

麦肯锡曾经做过一个调查。他们去问企业老板，为什么你的员工要跳槽呢？大部分老板都说，因为他们嫌钱给得少。再去问离职的员工，大部分员工都说，因为我们觉得没有受到尊重。

为什么员工会觉得没有受到尊重？这很可能和企业家的作风，

以及企业的内部文化有关。我见过有的企业专门留出一部电梯供领导使用。我也听说过有的老板出差住酒店，要让手下先过去试睡。有的企业派系众多，互相倾轧。在这样的企业里，员工当然感受不到平等和尊重。

但更多的时候，员工会因为一件很简单的事而感到挫败，那就是他们手头的工作经常会被打断。比如，刚要去见一个客户，突然被叫回去填表；正在写程序，突然被叫去开会，"对齐一下"。这种打断让员工对工作失去了掌控感，他们就会变得消极。

很多老板并不觉得这是个问题。但小的挫败堆积起来，就会变成大的不满。管理员工如此，教育孩子也是如此。太多的父母犯过同样的错误，什么事情都想过问，变成了在孩子头上盘旋的"直升机父母"；什么事情都想插手，变成了挡在孩子面前的"推土机父母"，但孩子不仅不会领情，还会更加叛逆。

解决这个问题的办法就是做减法。做加法容易，做减法很难。心理学家发现，这是人类认知模式中固有的一个缺陷。[5] 遇到问题，人们的本能反应是做加法，不是开更多的会，就是制定更多的规矩。无休止的会议让工作变得碎片化，员工很难把这些碎片拼凑起来，看清整个图景。每一场会议都是他无法左右的，每一场会议都是难以追溯结果的，到底哪个会更重要，他也说不清楚，那就干脆随波逐流吧。无休止的规矩往往以方便上级的管理要求为导向，而不是以让一线员工更好地完成手头工作为导向。规矩越多，员工反而越难工作。这样一来，员工就会想办法敷衍了事。

好工作应该是能够让人们心无旁骛、专心致志去做的工作。所以，想要创造更多的好工作，首先要做的事情是从头梳理一下工作流程，减轻基层员工的非本职工作负担，让他们知道，我所要关心的只有一件事情，我只要把我该做的事情做好就行。人是环境的产物，同样的人在不同的环境下工作状态可能截然不同。我在包头调研的时候，听一位当地的官员说起，同样的一群干部，在很短的时间内，经历了两种不同的工作状态。一种工作状态是忙于看上级的脸色，猜上级的心思，惶惶不可终日，而且会觉得多一事不如少一事，干脆躺平算了；另一种工作状态则是忙着干自己该干的事情，知道只要把手头的事情干好，就能得到上级的肯定，于是一天到晚忙得脚不沾地，累是很累，但心情舒畅。

我们经常听到经济学家讲激励机制，他们说了那么多，总结成一句话，无非是：金钱很重要。给钱多，好好干；给钱少，凑合干；不给钱，就不干。金钱当然很重要，但金钱的激励是有限的。足够的金钱回报能让人减少对劳役的厌恶——看在钱的分上，这事我干了——可是，不讨厌一件工作和热爱一件工作是两种不同的性质，就像不讨厌一个人和爱上一个人是两种不同的性质一样。明智的企业家愿意提供好工作，是因为他们对人性有更深刻的洞察，对激励机制有更全面的理解。他们相信，好工作能够激发出员工的主动性和积极性，这将让企业获得巨大的竞争优势。

我的朋友乔舒亚·雷默在《不可思议的年代》⁶里讲过一个故事。一家巴西的家族企业 Semco 遇到了一场危机。当时，巴西的通货膨胀率高达 1000%。大企业纷纷倒闭，Semco 看起来也难以逃脱这样的命运。Semco 尝试了各种办法，但还是越亏越多，老板理查德·塞姆勒只好找工人代表来商量。他告诉工人，眼前只有两种选择：要么把你们裁掉，要么降低你们的工资。工人们商量之后告诉老板，我们不同意裁员，我们可以接受降低工资，但有三个条件：管理层的工资也要下调；企业的每一笔支出都要由管理层和工人代表共同签字；如果有一天企业赚了钱，要给工人多分。

管理层同意了。其实，他们原本以为这不过是在非常时期的妥协策略，没想到，企业的面貌彻底改变了。员工主动承担起了额外的工作，有的当门卫，有的当保安，有的当厨师，能给企业省一点钱就省一点。本来是早上八点上班，有一组工人七点就来了，却发现叉车司机还没到，于是，这组工人个个学会了开叉车。奇迹发生了，两个月之后，Semco 扭亏为盈。管理层的胆子也大了。他们把工人分成不同的小组，给每个小组更多的主动权，由工人来定工资、定上班时间，甚至由工人来定生产什么产品。理查德·塞姆勒说，我已经不知道自己雇用了多少工人，生产什么产品，但有一件事我知道——我在赚钱。

当然，提高工资也是很重要的。这在经济学里有个说法，叫效率工资。效率工资是说，企业雇主会提供略高于市场水平的工资，以换取员工的劳动生产率提高。

说老实话，我第一次接触这个理论，还是在读研究生的时候。那时候阅历不深，看到这个理论，我哑然失笑：哪个雇主会这么傻，市场已经发现了均衡工资，他还非要多给钱？后来，和企业家接触多了，我才发现很多企业家早就知道这个秘密。如果员工的市场工资是每月 5000 元，你给他 5000 元，他会把这些钱揣进兜里，然后心安理得地上班摸鱼。那要是你给他每个月发 1 万元呢？效果也不好。他会觉得一定是因为我很牛，所以老板才给我这么多钱。于是，他反而会心气更高，想要更多。有个企业家告诉我，最有效的是比市场工资多发 20% 左右。比如，每月发 6000 元。他心里知道，这个钱不是自己凭本事挣的，而是因为遇到了一个好老板。于是，他就会格外珍惜这个工作机会。前面的 5000 元只是铺垫，真正激励员工的是后面的 1000 元。

再往深处讲，为什么企业需要创造更多的好工作？因为企业面对的外部环境越来越复杂。在这种情况下，内部的团队建设才变得更有价值。团队比市场重要。市场转脸就变样，阴晴不定。你改变不了外部的市场环境，但可以改善身边的小环境。有了一支骁勇善战的队伍，到哪个战场上打仗，你都有更大的胜算。

这就是我想告诉你的一种新的社会哲学。经济学会讲到"看不见的手"。"看不见的手"意思是，在一定的条件下，个人追求自利反而会促成利他的结果。我想告诉你，如果企业只是出于慈善动机想去创造好工作，那未必是可持续的。可持续的是另外一种机制。企业要创造好工作，是有另外一只手在起作用。这只手可以叫作"握得住的手"。"握得住的手"意思是，**在一定条件下，企业采取利他的行为反而能带来自利的结果。**

# 5.7

## 考过电工证的何帆

去电工培训班报到的时候，我领到了一本教材和一本打印的习题集。

我试着做了几道题：

> 安培定则也叫（ ）
>
> A. 左手定则
>
> B. 右手定则
>
> C. 右手螺旋法则

这个容易，这是中学物理学过的知识点。答案是 C。

> **判断正误**：电工应严格按照操作规程进行作业。

答案是：正确。这道题让我成功地答对了，也成功地让我感到智商受到了侮辱。

**判断正误**：在三相交流电路中，负载为星形接法时，其相电压等于三相电源的线电压。

我完全不知道这道题说的是啥。

听课听得不耐烦，我翻开教材自学。我有个毛病，听课容易走神，看书才能专心。我觉得自己的自学能力应该还可以，因为从小学到博士，我都是这么自学的。但电工我自学不了。课本写得极乱极晦涩。凡是我能够读懂的地方，我都有一种想替作者重新写一遍的冲动：你看，要是这么说，学生不就容易理解了吗？但大部分内容我都读不懂。读到最后，我终于懂了，这本书的作者压根就没想让我读懂。就像一本讲烹饪的书，讲了火，讲了炒锅，讲了盐的历史，讲了卫生检查和怎么洗手，就是没有讲煎炸炒炖。

看不懂教材，那就听网课吧。网课都在链工宝上。这个链工宝在 App 下载平台上的评分是 1.6。

大多数留言是这样的：

·基层人员浪费大量的时间去学跟他们自身没有什么关系的管理条款，而最该去学习的领导们参与率垫底，有这些时间金钱好好保障基层人员的工作环境和保护用具，培养他们的安全意识和防范能力不好吗？

·我不知道这些软件开发出来的意义是什么，是为了在上班时间恶心人吗？还是为了让我本来就少的休息时间变得更少？

·这个 App 的名字，是谁想出来的？没有二十年的脑血栓，怕是想不出这名字。Low 爆，都是腰椎间盘为什么你会如此突出。

看得出来，链工宝请的老师实践经验都很丰富。何以见得？偶尔，他们不照本宣科的时候，会透露一些行业信息。比如，安全帽大部分是不合格的，白炽灯早就不让卖了。他们甚至会提供一些特别洞察人情的建议，比如，买安全帽的时候，要叫上几个老工人试戴，如果没有让工人试戴，结果买回来的安全帽不合适，工人们一定不依不饶。可惜，他们大部分时间都是照本宣科。

链工宝上有题库，可以先在线上模拟考试。这挺好。但是，别高兴得太早。如果你不把所有的网课都刷完，这个题库是不会对你开放的。要想从此过，留下买路财。这分明是黑手党的办学思路。

这是一个让我顿悟的时刻：越是需要教育的人，越容易被教育冷落。我本以为，对起点比较低的人，教育要尽可能地通俗浅显；到水平比较高的时候，教育可以由浅入深，艰涩一点也无所谓，反正学生自己能搞明白。现实世界中的教育恰恰相反。如果你水平较高，你能接触到的教育资源反而更丰富。你能遇到更好的老师，这些好的老师有本事把复杂深奥的知识讲得又明白又有趣。但是，如果起点较低，你能够获得的教育资源就会较少，你会更加无助。教育不仅没有让你受到激励和启发，反而让你觉得自己很愚蠢，不配接受教育。于是，知识的两极分化越来越严重。

我本以为，学个电工，教我的应该是位老师傅。我得给他敬烟，他会开我的玩笑，他的玩笑有些粗俗，却没有恶意。他会觉得我太笨，但只要我跟着他学，就会变得心灵手巧。他的社会阅历非常丰富，会给我讲很多故事，小说都没有他讲的故事离奇。他能让我接触到不一样的社会现实。我不仅能学会修理电器，还能增加人生阅历。到时候，我也能像余永定老师一样自豪地说："你们没有当过工人，不知道劳动人民到底怎么想。"

没有。这些统统没有。学电工怎么可能没有动手实践呢？因为没有足够的老师，也没有足够的教具。课表里有实践课，实践课也是老师坐在讲台上呜里哇啦地讲。教室的前面放着一块白板，白板的两面有电线，有线路，是考试要考的接线和排除故障题。老师说："你们下了课自己去看。看不懂的用手机拍下来，回去再琢磨。"

我已经预感到电工证考不下来了。

这可是件丢人的事。我走到一半，发现自己走了一条不想走的路。怎样走完自己不想走的路？要不，算了？还要不要继续走下去？当然要啦。我知道这一切努力都毫无意义，支持我走下去的是一股子不甘心和不服气。

我总会找到办法的。

办法居然比我想象的更简单。我得忏悔一下：作为一个极为自律的学习仔，我几乎从不刷抖音。打开抖音，一定是为了搜索资料。比如，要去一个陌生的城市调研，去之前，我会先在抖音上搜搜当地的风土人情。有一天晚上，我实在无聊，打开了抖音。

我试着输入：电工实操考试。

啪，跳出来一堆短视频。有男主播有女主播。男的戴着安全帽，女的年轻妖娆。有的说东北话，有的说字正腔圆的普通话。都很热情，都很卖力。

亲，要考电工证吗？别怕，不难，包你考试过关。

记住这三句口诀就行。

注意啦，看我的，跟我学。

是的，他们讲得都很清晰，一听就明白。原来人也是能讲人话的。

如果不是为了应付考试，只是想学电工手艺呢？

也有。

如果我是个初中生，学电工的时候遇到了高中物理的知识点，搞不懂怎么办呢？

也有。

这又是一个让我顿悟的时刻：只有劳动人民才能帮助劳动人民。你可能觉得抖音上的短视频碎片化、低俗、粗糙、夸张——我跟你的看法一样——但它们教会了我考电工证。它们不仅能教我考电工证，还能教我看电路图、做饭、画素描、养猪、种菜、学中学物理……这是一个新天地。这是最生动活泼的市场：有需求就有供给。这里的信条是：平等，而不是等级；服务，而不是训话；实用，而不是装逼。

年轻人，如果你的父母抱怨你天天沉迷手机，大大方方地告诉他们，别烦我，我正在抖音上学习呢。

凡事有始有终。现在，让我跟你报告一下最后的结果。

我参加了电工证的理论和实操考试，一次通过。

理论：99分。

实操：100分。

通过这次学习，我极大地丰富了自己的电工知识。我现在的电工水平是：给我个考试板，我就知道怎么接线。

# 5.8

## 我该怎么办

最后，还是要回到这个问题：我该怎么办？

你已经大致看清了宏观趋势的变化。你能看出不同变量之间的关系，也能找到背后的逻辑。你试着把自己放进决策者的靴子里，揣摩他们是如何制定政策的。这一切都会影响你的命运。你自然而然要问：看懂了宏观，个人又该如何应对？

这个问题，好回答，不好接受。你知道我是个学者，每年都写书。讲大道理，对我来说不是难事。你知道我读书快，读书很多、很杂。引经据典，对我来说也不是难事。但你不需要这些。道理都懂了，该慌还是慌，怎么办？

你知道我跟别的作者不一样，我很诚实。我听起来不像他们那样胸有成竹。我也有困惑，很多事情我看不懂，并且，我很乐意把我的困惑说出来。你会读到我不断地修正自己的观点，错了就改，改了又错，错了再改。你还会注意到我和他们不一样的地方：我愿意动手做事。想了解真相就去实地调研，想听实话就向人虚心请教，想知道滋味就尝一口，想考个电工证就考了一个。你也看到了，我干过傻事，做了不少无用功——但我乐在其中。我就是个做事的人。

说了再多的宏观，还是要回归到做事。这本书的目的就是把高高在上的宏观拉回地面，接上地气。我们不是来开飞机的，我们是来徒步的。我不是讲大道理的，我是做小事情的。

既然不是做大事情的人，只是做小事情的人，那我要换一种方式回答你的问题。我把你的问题改为：既然我已经了解了宏观，那么，有哪些具体的事情，能够让我在等待宏观大趋势的同时，先动手做起来？

我想跟你分享十五件值得做的小事情。

先声明一下，这可不是那种心愿清单，比如你常读到的"一生必须做的九十九件事"之类的。人生没有必须做的事。到了我这个年纪，就会懂得要删掉很多年轻时想做，或是原来想做的事。我不会弹吉他，以后也不想去学。我不会打篮球，以后也打不动。我没有去过南极，我太太都去了，但我想想，还是不去了，太贵，而且那里没有人，没法做采访。

这也不是那种教你如何炫耀的清单，比如住什么酒店、去什么景点、点什么大餐、去哪里拍照留念、怎么享受生活，或者，更准确地说，怎么享受让别人羡慕的生活。我从来不觉得人应该享受生活。我生来只配工作。我已经习惯了这种自律、刻苦、单调的生活，每天都像拉磨的驴一样，一醒来就有干不完的活儿。我希望生活天天如此。

我推荐给你的这十五件小事，都满足三个标准：第一，不难。它们都是我在过去一年做过的，我试过，能做。第二，有趣。这些事情让我觉得很有意思，新鲜。第三，有意义。做完这些事情，我感到更充实，多了些技能，多了些经验，或许能帮我更好地应对未来；即使不能，也没有关系，至少做完能让我心安。

下面就是这十五件值得做的小事。

1. 记日志。我每天都记工作日志。2022 年有点自暴自弃，2023 年自觉多了。我记日志的方式大体遵循"子弹笔记"的风格：用标记和最简练的文字记下流水账。这可不是要进行时间管理、提高效率。我的想法很简单：人生已经过半，我想知道剩下来的日子，每天都是怎么度过的。

2. 和 AI 对话。我每天都和 ChatGPT 聊天。我对它很客气，不敢颐指气使——说不好，它哪天会成为我的主人。你可能会说，我没有 ChatGPT。那你能用 Siri 吗？道理是一样的。我发现，越了解怎么和 AI 对话，越容易提高与人沟通的能力。我来举个例子。如果你跟别人聊天，别人说，你说啥？我听不懂。这时候，你会怎么想？你一定会觉得很恼火，很受辱。但如果 Siri 说，你说啥？我听不懂。你又会怎么想？你会琢磨，为啥她听不懂？我该怎么试试让她听懂？你看，把与 AI 交流的技巧迁移到与人交流的场景上，是不是像降维打击一样无往不胜？

3. 学习和机械打交道。比如，考个电工证。当然，我是个很失败的电工，但我会继续努力的。我知道，以后的世界很可能是机器人主宰，而我们这些剩下来的人，都是能维修机器人的。

4. 学习一门外语。这是出于一种逆反心理。都说以后有了机器翻译，就不需要学语言了。我偏不信。2023 年，我用多邻国 App 学了半年的拉丁文，最后放弃了。因为我实在想不出学它到底有啥用。不过，我决定改学西班牙语。学习语言，有助于降低得阿尔茨海默病的概率。

5. 坚持锻炼。如你所知，我是从一个从不运动的人变成马拉松跑者的。2023 年，我跑了三场马拉松，还有一场待跑的。我可以告诉你，我成绩最差的一次，也就是 6 月 23 日的包头马拉松，我的完赛时间是 05:04:21。我相信，以后不可能有比这更差的成绩了。什么，你问我今年最好的成绩？那肯定是还没有跑的一场，我一定会有新的 PB（个人最好成绩）。

6. 想画就画。我一直羡慕会画画的人，但自己没受过训练，总觉得画不好。我看了一本书，里面教初学者"contour drawing"，就是盲画轮廓：一边观察要画的东西，一边在纸上画。注意，眼睛不要看纸上的画，而是一直看要画的东西。画完之后，看看自己在纸上涂抹出来的东西，肯定很丑。但这样盲画，大家都画得很丑，没什么可丢人的。重要的不是画得好，是锻炼自己的观察能力。

7. 上一门美术史的课。这些知识比你想象中的更有用。别人带女朋友去博物馆，看到一幅画，只会说：好看，好看。你会说，这幅《最后的晚餐》不是油画，是蛋彩画，也就是把蛋黄或蛋清混入颜料中画成的。蛋彩画干得快，又不像油画那样能反复涂厚，所以才有一种特殊的朦胧、柔和的效果——你看，这是不是档次就不一样了？

8. 做一道菜。遇到好吃的，请教一下厨师，记下菜谱。有空的话，自己尝试着做。

9. 组织一次读书会。推荐书目：《变量》书系。

10. 组织一次公益活动。做一些与你无关，但与别人有关，与钱无关，但与人性中的善良有关的事情。

11. 去一个县城。最容易看出中国新变化的地方是县城。在这里，你可以看到技术的扩散、产业的转移、生活方式的转变。在这里，你还能看到最本色的审美、最有代表性的家庭、最基本的民情。

12. 发呆。在一年中找一个下午，躺在草地上晒晒太阳，放空大脑，只去感受青草的味道、云的变幻、风的吹拂。如果感觉不错，试着每个月找一个下午做这件事情。

13. 拜访一位老朋友。他变了，你也变了。他没变，你也没变。老朋友是一面镜子，你也是一面镜子。你能看到他中的你，你中的他，他中的你中的他，你中的他中的你……

14.跨代对话。安排一个成年朋友和自己的孩子来一场对话。或者，找时间和别人家的孩子来一场对话。你会发现，成人并不成熟，少年并不单纯。有时候，跨代对话非常困难，难就难在做不到真正的平等。但你只有尽可能地去理解他们——当然，如果能够让他们也理解你更好。我是说，如果。说到底，未来的剧情是他们写的。现在最重要的人，到了未来都不重要。重要的是他们。

15.减少上网时间。在我闭关写作这本书的一个多月里，我几乎每天都会把手机关掉。除了查资料，我几乎从不上网，也从不和外界联系。你猜怎么着？世界真安静。世界真美好。

# 注　释

1　苏联心理学家巴甫洛夫通过一个狗实验揭示了条件反射的基本原则。后用"巴甫洛夫的狗"形容一个人不经大脑思考就做出反应。

2　BOSS 直聘研究院：《重塑时代——2021 人才资本趋势报告》。

3　Zeynep Ton, *The Case for Good Jobs: How Great Companies Bring Dignity, Pay and Meaning to Everyone's Work*, Harvard Business Review Press, 2023.

4　何帆：《找事：给年青一代的就业解惑书》，中信出版集团 2023 年版。

5　Adams, G.S., Converse, B.A., Hales, A.H. et al, People Systematically Overlook Subtractive Changes, *Nature*, 592 (2021).

6　［美］乔舒亚·库珀·雷默：《不可思议的年代》，何帆译，湖南科学技术出版社 2010 年版。

# 尾 声

这本书就要写完了。这一年也要过完了。

我在想，以后，我们该怎样回忆起这一年？最惊心动魄的经历最容易被遗忘。就像 2022 年，虽然刚刚过去，但很多事情我们已经记不清了。人有遗忘的天性。这或许是上苍对人的怜悯。人承受不了太多的痛苦。最激动人心的时刻会渐渐模糊，留下的只是一种朦朦胧胧的感觉。这感觉让经历过的事情变得那么不真实：难道过去的时光真的那么美好？平淡的时光，不管是在失望中耐心地等待，还是在忍耐中默默地劳作，反而会在不经意中给我们留下深刻的印象。虽然留下的只是片段和细节，但这些片段和细节在记忆里被不断摩挲，就像被游客不断抚摸的铜像的一双脚，或是一只手，已经锃亮。这一年将如何被回忆，我不知道。此刻，夜已深，我枯坐在书桌前，在寂静中，从遥远处，我仿佛能听到各种细小的噪音。它们悄然涌现，一波一波，窸窸窣窣，似乎在哭泣，又似乎在歌唱，就像来自历史最深处的那些声音，微弱，顽固，让人有些莫名地不安。即使所有的人都已经入眠，这声音仍会像永不干涸的泉水一样一点点地涌现。听我，听我，它们似乎在说。但我要去睡了。我已经做完一天的工，明天还有明天的工。我要焦虑的是明天，而不是未来。

明天，太阳将照常升起。

# 后　记

这套时间跨度长达三十年的《变量》系列已经写完了第六本，算来大约完成了五分之一的工作量。回头去看，这六本书有连续性，也有变化。大致来说，前四本《变量》的风格基本一样，都是以年份为主题的。我试着每年提炼出一个关键词，作为观察和记录中国经济的独特角度。《变量1》是小趋势，《变量2》是基本盘，《变量3》是本土时代，《变量4》是腾挪策略。我自己会把这四本书称为"本土时代四部曲"。《变量5》写于一个极为特殊的年份，所以在体裁和风格上和前四本都不太一样。

《变量6》又是一个新的开始。我计划在每一年选一个领域作为主题，比如《变量6》选的是宏观经济。这不仅是因为在过去的一年，宏观经济是最受关注的话题，也是因为我长年做宏观经济政策研究，知识和经验储备相对丰富。按照我的写作计划，未来几年，我将选择不同的领域，比如技术进步、气候变化、地缘政治等作为主题。当然，这意味着我将不断进入相对陌生的领域，对我来说有更大的挑战。但我是有意为难自己的，希望能够以这样的方式督促自己做更多的功课，把根扎得更深，看中国看得更全面。

就算在自己相对熟悉的领域，也不可能只靠一个人的努力。同行的帮助是必不可少的。所幸，我有一个强大的后援团，遇到问题，我经常会向他们请教。他们是中国最优秀的一批宏观经济学家：余永定、姚枝仲、张斌、张明、徐奇渊、徐远、肖立晟、郑联盛。我要感谢他们的支持。

在过去一年，我去了内蒙古、山东、河南、安徽、江苏、浙江、广东、广西、湖南、贵州、重庆、四川、陕西、山西……对我来说，这算报复性的调研。每到一处，我都要尽可能地去采访企业和个人，了解不同行业的情况。有些故事出现在最终的书稿里，但还有更多的故事留在我的采访本里。虽然我无法将所有为我提供线索、接受我的采访、耐心地指教我的朋友们一一列出致谢，但你们的帮助我始终铭刻在心。也感谢得到 App 知识城邦里的网友，以及我在上海交通大学安泰经济管理学院和北京大学汇丰商学院的学生。我通过和你们的交流获得了很多惊喜。你们对我的关心和支持，让我在最疲惫、低落的时候还能坚持下去。

感谢我的团队：张春宇、朱鹤、宋笛、李靖云、梁晨。感谢得到的同事。感谢出版社的同事。

希望你能够对我的调研和写作提出宝贵的批评和建议，也希望你能向我提供更多的采访线索。欢迎通过邮箱（hefan30years@163.com）与我联系。

# 何帆规则

我为自己的三十年报告制定了一套何帆规则，一共七条。既是为了诫勉自己，也是为了得到你的理解和支持。我每年都会把它放在书里，再宣誓一次。

**规则 1**　我会在未来三十年用最多的精力、最大的热忱来完成这项工程。三十年，一年一本书，共三十本。

**规则 2**　这套书中涉及内容的采访完全由我和我的团队完成。这套书的写作完全由我个人完成。如果由于健康问题，我写不动了，或是写不完了，剩下的工作将由我指定的接班人完成。

**规则 3**　在写作这套书的时候，我的身份不是学者，而是学生；不是评论员，而是观察者和记录者。我要看的时代背景非常恢宏，但我关注的更多是平凡人。我要写平凡人做的不平凡的事情。

**规则 4**　我会尽可能地通过采访获得第一手资料来做研究。我会为你采访各行各业、三教九流的人士。我会为此跑遍中国所有的省市。如果有必要，我也会为此跑遍跟中国故事有联系的其他国家。

**规则 5**　我会坚持独立的个人观点。当然，我深知这样的决定意味着这套书中将无法避免偏见和错误。这些偏见和错误都由我个人承担。

**规则 6**　我保留对书稿的最终修改权。我的书稿一般不会发给受访者，但我会尽可能认真地核对所有的细节。如果受访者要求我按照他们的想法修改，我只能要么在书中放弃这部分采访的内容，要么在修改的地方注明：此部分已根据受访者要求修改。

**规则 7**　我郑重声明，这套书中不包含任何植入广告、商业推广或其他宣传。

**图书在版编目（CIP）数据**

变量 . 6, 宏观世界奇遇记 / 何帆著 . —— 北京 : 新星出版社, 2024.1
ISBN 978-7-5133-5437-0

Ⅰ . ①变… Ⅱ . ①何… Ⅲ . ①中国经济 – 研究 Ⅳ . ① F12

中国国家版本馆 CIP 数据核字 (2023) 第 233241 号

# 变量 6: 宏观世界奇遇记

何帆　著

| | | | |
|---|---|---|---|
| **责任编辑** | 汪 欣 | **封面设计** | 李一航 |
| **策划编辑** | 张慧哲　翁慕涵 | **版式设计** | 靳 冉　周 跃 |
| **营销编辑** | 陈宵晗　chenxiaohan@luojilab.com | **责任印制** | 李珊珊 |
| | 许 晶　xujing@luojilab.com | | |
| | 张羽彤　zhangyutong@luojilab.com | | |

| | |
|---|---|
| **出 版 人** | 马汝军 |
| **出版发行** | 新星出版社 |
| | （北京市西城区车公庄大街丙 3 号楼 8001　100044） |
| **网　　址** | www.newstarpress.com |
| **法律顾问** | 北京市岳成律师事务所 |
| **印　　刷** | 北京盛通印刷股份有限公司 |
| **开　　本** | 880mm×1230mm　1/32 |
| **印　　张** | 10 |
| **字　　数** | 189 千字 |
| **版　　次** | 2024 年 1 月第 1 版　2024 年 1 月第 1 次印刷 |
| **书　　号** | ISBN 978-7-5133-5437-0 |
| **定　　价** | 69.00 元 |

发行公司：400-0526000　总机：010-88310888　传真：010-65270449